Julie

ma p'tite

Andrieu

cuisine

Julie Andrieu

ma p'tite cuisine

photographies de Michel Reuss

illustrations de Soledad

MARABOUT

MES PETITS CONSEILS POUR FAIRE VOS COURSES

AU MARCHÉ

Faites une liste et classez-la par type de produit pour éviter de perdre du temps à sillonner les rayons. Quand vous trouvez un produit rare (exotique, notamment), achetez-le en grande quantité et stockez-le

• au congélateur : tiges de citronnelle fraîches, feuilles de raviolis chinois, pâte filo, escalopes de foie gras, gingembre frais.

DANS LE PLACARD

• Achetez les épices et les huiles parfumées en petite quantité car elles perdent leur parfum au bout d'un an.

• Conservez épices et huiles à l'abri de l'humidité, de la chaleur et de la lumière. L'idéal est de transvaser l'huile d'olive dans des bidons opaques.

• Ayez toujours plusieurs sortes de riz, de pâtes et de céréales : riz rond, riz long grain et complet précuit, riz sauvage, penne, fusilli, spaghettis, macaronis et coquillettes pour des gratins mais aussi nouilles de riz, boulgour, semoule, polenta.

• Ne tombez jamais à cours de ce qui se stocke presque éternellement : cubes de bouillon, sachets de court-bouillon, fonds en poudre, sauce de soja, thon à l'huile, foie gras en conserve, légumes à l'huile en bocaux, champignons séchés, Tabasco, pâte de curry, lait de coco, tahini (pâte de sésame), huiles rares, eau de fleur d'oranger (de qualité) et eau de rose, crème de marrons, sucres (roux, blanc et vergeoise), feuilles de gélatine, biscuits à la cuillère, levure chimique, essence de vanille, spéculoos, amaretto, fino ou xérès, calvados, armagnac, cognac, vin blanc en mini-bouteille de 20 cl. Pensez-y aussi : crème liquide en brique UHT, coulis de tomate, lait UHT longue conservation.

DANS LE RÉFRIGÉRATEUR

On croit le connaître comme sa poche mais on ne sait pas forcément en tirer le meilleur parti : Plus c'est haut, plus c'est froid : entreposez les aliments les plus sensibles (viandes, poissons, produits au lait cru) sur les clayettes supérieures, les yaourts pasteurisés, les plats et aliments cuits au milieu et les fruits, légumes et fromages pasteurisés dans les bacs (utilisez des récipients ou des sacs étanches).

• Œufs : préférez les œufs extra-frais qui se gardent plus longtemps, jusqu'à 3 semaines. Placez-les pointe en bas dans leur compartiment.

• Emballez vos fromages dans un linge humide plutôt que dans du film plastique étirable qui les fait suinter.

• Conservez les huiles – surtout les huiles les plus fragiles et celles que l'on utilise en petites quantités, type noix, noisettes, sésame – au frais pour éviter qu'elles rancissent et perdent leur parfum. Gardez-les dans la porte du réfrigérateur et sortez-les 30 minutes avant de les utiliser pour qu'elles ne soient pas figées.

• Ayez toujours des pâtes à tartiner variées pour préparer des canapés au dernier moment et privilégiez celles qui se conservent le plus longtemps une fois ouvertes : pistou, tapenade, beurre d'anchois, houmous.

• Ayez toujours du lait, du beurre, des œufs, des citrons (verts, ils ne pourrissent pas), des oranges, de la moutarde, des câpres et du vrai parmesan en morceau ou râpé.

• Mieux vaut entreposer vos oléagineux (amandes, noix, pignons) au réfrigérateur pour éviter qu'ils rancissent.

• La moutarde se conserve au frais. Pour qu'elle ne se dessèche pas sur le dessus, couvrez-la avec une fine rondelle de citron.

c'est à moi !
il ne me reste plus qu'un cube et du thym... Va pas être fun, fun mon repas
Mon frigo est TROP bien rangé !

DANS LE CONGÉLATEUR

Voilà bien un appareil utile à toutes les générations : de la crème glacée des ados aux fruits du jardin des mamies, en passant par les pizzas, les restes de plats mijotés ou la vodka, le « congélo » est devenu l'un des éléments indispensables de la cuisine contemporaine.

• Avant de jouer les maîtres glaciers, vérifiez la puissance de votre appareil : 3 étoiles suffisent pour stocker les surgelés, mais il n'en faut pas moins de 4 pour pratiquer la congélation maison. Et n'oubliez pas de coller sur chaque produit une étiquette précisant la date de surgélation, car leur fraîcheur n'est pas éternelle.

• La plupart des aliments ne nécessitent pas de décongélation avant cuisson. Si c'est le cas néanmoins, laissez décongeler les viandes et les poissons au réfrigérateur (pour les rendre moins sensibles aux bactéries).

PENSEZ À LES SURGELER POUR NE JAMAIS ÊTRE PRIS DE COURS

• **LES ŒUFS** : battus et versés dans un récipient hermétique, ils servent toute l'année à préparer gâteaux ou omelettes.

• **LA CRÈME FRAÎCHE** se laisse congeler avec plaisir, mais il ne faudra pas chercher à la monter en chantilly ensuite.

• **LES LARDONS** : toujours pratiques, pour parfumer une terrine ou un plat de spaghettis alla carbonara.

• **LES FROMAGES**, plutôt gras et faits à point, peuvent être conservés au grand froid 6 mois maxi. Pensez aussi au fromage râpé.

• **LE PAIN** (coupé en tranches pour ne pas être obligé de sortir la miche familiale au moindre petit creux).

• **LES PÂTES FRAÎCHES** (et notamment les ravioles de Royan), toujours utiles quand les copains débarquent à l'improviste.

• **LE VIN** : n'ayez pas honte de vider les fonds de bouteille dans des sacs en plastique hermétiques. Très utile pour assurer les cuissons sans entamer les grands crus.

• **LES JUS ET FONDS DE VIANDE** : versez le reste de votre jus de rôti dans les compartiments d'un bac à glaçons. Un régal dans les pâtes, les risotti ou même dans une cocotte de légumes.

• **LES CRÊPES MAISON** supportent très bien la congélation à condition de les cuire à l'huile, car le beurre aurait tendance à figer.

• **TOUS LES GÂTEAUX** ainsi que les croissants peuvent être surgelés juste après cuisson.

• **LE JUS D'ORANGE** fraîchement pressé : versé dans des petites bouteilles en plastique, il comblera les paresseux ou les plus pressés.

• Pensez aussi au **GIBIER !** Sachez que la vente est interdite hors période de chasse, alors ayez toujours une petite réserve personnelle.

j'peux pas venir, j'cuisine pour mon congélo.

Ti AMo

On a tous une mamma italienne qui sommeille en nous

Si le noir est l'élégance des valets, la cuisine italienne est le lustre – pourtant bien illusoire – des cuisiniers : produits pas trop chers, l PRÉPARATIONs minimales, cuissons rapides et l'assurance de faire plaisir à tous les publics. Pourtant, rien de plus facile que de rater des pâtes ou, pire, des tomates-mozzarella. Cela doit nous rappeler que la réussite d'un plat tient à une multitude de petits gestes, de petites précautions qui peuvent transformer une recette d'assemblage en une alchimie miraculeuse. Avant d'être le reflet d'un terroir comme c'est le cas chez nous, la cuisine italienne est avant tout affaire de doigté, de modestie et d'imagination, comme nous le prouvent ses « mammas » capables de régaler toute une famille en mêlant à quelques spaghettis persil, piment, ail et huile d'olive. Avec le même garde-manger, chacune fait « sa petite cuisine ». On a tous une mamma italienne qui sommeille en nous... ou à côté de nous.

MES FÉTICHES

Pita

Ce pain non levé qui nous vient de la Méditerranée orientale n'a pas grand-chose à voir avec l'Italie, je le confesse. Pourtant, je me suis amusée à détourner son usage premier pour en faire une pâte à pizza instantanée ou des gressins minute. Et ça marche. Au diable l'académisme !

Câpres

Là aussi, les amateurs vont crier au scandale. Les boutons du câprier ne se conservent qu'au sel. Le vinaigre cache son fruité et exhausse son acidité. C'est dit, mais essayez donc de dessaler une câpre en moins de 4 heures et vous comprendrez pourquoi les cuisiniers « speedés » comme moi se contentent de câpres au vinaigre.

Mozzarella de vache

En France, la consommation de ce fromage a triplé en dix ans ! Mais attention, à chaque plat sa mozzarella. L'authentique, au lait de buffle, est la plus onctueuse mais aussi la plus coûteuse. Gardez-la pour les salades et préférez la version standard au lait de vache, plus appropriée à la cuisson, qui garantit une fonte parfaite et des fils interminables.

Pesto ou pistou

Je ne vais pas vous dire que celui-ci a été pilé patiemment dans un mortier en marbre, comme l'exige la tradition génoise, mais, entre nous, il fait sacrément bien l'affaire dans un plat de féculents, sur une bruschetta ou même sur un filet de poisson passé au four. À utiliser avec parcimonie car son parfum domine vite les autres saveurs. Selon l'usage, n'hésitez pas à ajouter un filet de citron, une lichette de crème ou un trait d'huile de noix.

Vrai parmesan râpé

Je vous parle du vrai, pas des succédanés aux appellations honteusement trompeuses (« pastissimo », etc.). Pour qu'il soit à la hauteur du morceau fraîchement râpé, il doit impérativement être conservé dans un sachet opaque et porter la mention « reggiano ». Rassurez-vous, le prix au kilo n'a rien de scandaleux sachant qu'on ne vous vend pas la croûte.

Risotti surgelés

Il m'a fallu le goûter pour le croire : un risotto à réchauffer – suprême hérésie alimentaire – qui ne faisait pas offense à toute la nation italienne. Moi qui pouvais disparaître en abandonnant mes amis pendant 30 minutes pour cuire mon risotto dans les règles « dell' arte », voilà que toutes mes valeurs partaient en fumée. Pour continuer de briller, je ne le sers jamais tel quel, mais je le rebricole à ma façon en boulettes, galettes ou gratin.

Gressins de pita au sésame et au pavot

POUR 4 PERSONNES | **PRÉPARATION** : 10 MINUTES | **CUISSON** : 5 MINUTES

FRAIS

4 pitas (200 g environ)
3 cuillerées à soupe de parmesan râpé finement

ÉPICERIE

3 cuillerées à soupe d'huile d'olive
2 cuillerées à soupe de graines de pavot
2 cuillerées à soupe de graines de sésame

VIN

Lambrusco salamino di Santa Croce DOC vino frizzante (13°)

• Préchauffez le four à 180 °C (thermostat 6).

• Faites chauffer les pitas 2 minutes pour qu'elles s'assouplissent. Ouvrez-les en deux dans l'épaisseur. Badigeonnez-les d'huile d'olive à l'aide d'un pinceau. Découpez-les en lanières de 2 cm de large et déposez-les sur la plaque du four couverte de papier sulfurisé en les espaçant légèrement. Saupoudrez-les de graines de sésame, de pavot et de parmesan.

• Glissez la plaque dans le haut du four et laissez cuire 4 à 5 minutes. Laissez refroidir avant de servir.

CONSEIL > Choisissez des pitas de qualité, les plus fines possible. Si vous utilisez du papier d'aluminium, pensez à bien le huiler auparavant.

Calzone à la poêle

POUR 6 PERSONNES | **PRÉPARATION :** 35 MINUTES | **CUISSON :** 25 MINUTES

FRAIS
1 boule de pâte à pizza toute prête
300 g de mozzarella de vache
40 g de parmesan râpé
1 gousse d'ail

SURGELÉ
1 cuillerée à soupe de basilic haché

ÉPICERIE
5 cuillerées à soupe d'huile d'olive
2 grosses boîtes de tomates pelées
1 cuillerée à café d'origan
1 douzaine de filets d'anchois à l'huile

VIN
Sancerre rosé (10°)

• *Pour préparer la sauce, versez 2 cuillerées à soupe d'huile d'olive dans une grande poêle en fonte, faites dorer l'ail haché, ajoutez les tomates égouttées et écrasées puis l'origan. Salez et poivrez. Faites cuire 15 minutes à feu vif.*

• Coupez la mozzarella en petits dés. Chauffez le reste d'huile à feu vif. Prenez un peu de pâte à la main et étalez-la en l'étirant sur le poing (pas au rouleau). Faites-la cuire dans l'huile 3 minutes à feu moyen sur un côté, garnissez-la puis retournez-la rapidement. Garnissez-la immédiatement de sauce, de mozzarella, de parmesan, d'anchois et de basilic, et repliez-la avant qu'elle dore. Pressez les bords avec le bout des doigts et laissez cuire 3 minutes de chaque côté. Répétez l'opération pour chaque calzone.

FÉTICHE > *Je vous le concède, faire soi-même sa pâte à pizza n'est pas difficile (voir page 18). Encore faut-il avoir le bon type de farine, connaître le dosage de sel et d'huile d'olive et ne pas avoir une journée de boulot dans les pattes pour trouver du plaisir à pétrir, et pétrir, et pétrir encore. Sachant que je ne peux jamais offrir à mes pizzas la puissance de feu des fours à pain des pizzaiolos, j'opte pour une cuisson à la poêle. Oserais-je dire que c'est presque meilleur !?*

Speedza mozzarella

POUR 4 À 6 PERSONNES I **PRÉPARATION :** 10 MINUTES I **CUISSON :** 10 MINUTES

FRAIS

100 g de mozzarella de vache
2 pitas

ÉPICERIE

6 cuillerées à soupe de sauce pizzaiola
12 olives noires dénoyautées (niçoises de préférence)
1 cuillerée à café de câpres au vinaigre égouttées et rincées
2 cuillerées à soupe d'huile d'olive au piment ou aux herbes de Provence

VIN

Fitou (17°)

• Préchauffez le four à 250 °C (thermostat 8/9).

• Ouvrez chaque pita en deux dans l'épaisseur. Pour faciliter l'opération, passez-les 30 secondes au micro-ondes. Déposez-les sur une feuille de papier d'aluminium légèrement huilée. Ajoutez les câpres dans la sauce pizzaiola et étalez-la sur les pitas. Taillez la mozzarella en bâtonnets ou râpez-la, puis répartissez-la sur la pâte. Déposez les olives et arrosez d'huile d'olive.

• Enfournez et laissez cuire 10 minutes. Servez bien chaud.

FÉTICHE > Bien sûr, on pourrait utiliser une sauce tomate pizzaiola maison, mais il faut bien dire que seule une cuisson très longue permet d'atteindre le seuil de « confiture » suffisant. Et l'origan, est-ce qu'on en aurait eu sous la main, ce jour-là ?

CONSEIL > Vous pouvez remplacer les olives par des anchois ou par des allumettes de lardons fumés. N'hésitez pas à préparer ces pizzas sur des mini-pitas.

Foccacia à la pancetta et à l'origan

POUR 4 PERSONNES I **PRÉPARATION** : 20 MINUTES I **REPOS** : 30 MINUTES I **CUISSON** : 20 MINUTES

FRAIS

50 g de pancetta

ÉPICERIE

1 sachet de I PRÉPARATION pour pâte à pizza + levure fournie
1 cuillerée à café d'origan
3 cuillerées à soupe d'huile d'olive
1 cuillerée à café de champignons séchés et hachés (facultatif)

VIN

Lambrusco salamino di Santa Croce DOC vino frizzante (13°)

• Émincez la pancetta en allumettes. Dans un saladier, versez le contenu du sachet de I PRÉPARATION pour pâte à pizza, creusez un puits au centre, puis ajoutez la levure et les champignons séchés si vous les utilisez. Versez 15 cl d'eau chaude (pas bouillante), ajoutez 2 cuillerées à soupe d'huile d'olive et remuez à la cuillère. Quand la pâte commence à prendre forme, pétrissez-la à la main 3 minutes au moins. Ajoutez l'origan, la pancetta, et continuez de malaxer les ingrédients quelques instants.

• Huilez une plaque allant au four et étalez la pâte jusqu'aux bords. Couvrez la plaque d'un torchon et laissez reposer 30 minutes dans un endroit chaud. Préchauffez le four à 200 °C (thermostat 6/7).

• Imprimez la marque de votre pouce à intervalles réguliers sur la pâte sans la transpercer et huilez la surface avec le reste d'huile d'olive à l'aide d'un pinceau. Laissez cuire 20 minutes. Sortez du four et rompez la foccacia à la main lorsqu'elle est encore chaude. Servez tiède ou réchauffé.

CONSEIL > Les quantités sont prévues pour un sachet de pâte de 200 g. N'oubliez pas de les modifier selon le poids de votre sachet. Ne salez surtout pas cette pâte, elle l'est déjà et la pancetta est naturellement très salée.

Bruschette de mozzarella marinées

POUR 4 À 6 PERSONNES I **PRÉPARATION :** 10 MINUTES I **MARINADE :** 20 MINUTES I **CUISSON :** 3 MINUTES

FRAIS

2 boules de mozzarella de vache (400 g environ)
4 tranches de pain aux olives en tranches épaisses

SURGELÉ

2 cuillerées à soupe de basilic ciselé

ÉPICERIE

2 cuillerées à soupe de pâte de tomates séchées
1 bonne cuillerée à soupe de câpres au vinaigre
3 cuillerées à soupe d'huile d'olive
1 cuillerée à café de thym
Sel, poivre

VIN

Santi monteforte soave classico Italie (8°)

• Mélangez la pâte de tomates, l'huile d'olive, le basilic, le thym, les câpres rincées et égouttées, du sel et du poivre. Coupez la mozzarella en tranches épaisses que vous arroserez avec ce mélange. Laissez reposer 10 à 20 minutes au frais.

• Passez les tranches de pain sous le gril du four de façon à les toaster légèrement d'un seul côté. Étalez un peu de marinade sur le côté toasté des tranches de pain. Déposez dessus les tranches de mozzarella et arrosez-les avec le reste de marinade.

• Servez sans attendre, à l'apéritif ou en entrée, avec une salade de roquette au citron.

CONSEIL > Vous pouvez ajouter quelques lamelles d'olives noires ou quelques anchois marinés. Préparez vous-même votre pâte de tomates séchées en mixant des tomates séchées avec un peu d'huile d'olive de conservation.

Santa Lucia
mozzarella

Supli à la bolognaise

POUR 4 À 6 PERSONNES I **PRÉPARATION :** 15 MINUTES I **RÉFRIGÉRATION :** 2 HEURES I **CUISSON :** 3 MINUTES

FRAIS
2 jaunes d'œufs
40 g de parmesan râpé

ÉPICERIE
450 g de riz basmati cuit *al dente* (il existe du riz surgelé précuit)
180 à 200 g de sauce bolognaise
150 g de chapelure
20 cl d'huile de friture

VIN
Côtes-de-provence rosé (11°)

• Placez le riz dans un saladier. Ajoutez le parmesan et les jaunes d'œufs. Versez la sauce bolognaise dessus à travers une passoire de façon à récupérer la viande. Mélangez le riz et la sauce, puis laissez reposer, ainsi que la viande, 2 heures au frais.

• Façonnez des petites boulettes de riz et creusez-les avec le bout du doigt. Logez un peu de viande dans le creux puis refermez. Une fois que tout le riz est utilisé, roulez les boulettes dans la chapelure.

• Faites chauffer l'huile à feu vif dans une grande poêle et faites dorer les boulettes 3 minutes en les retournant souvent. Égouttez-les sur du papier absorbant et mangez brûlant, comme à Rome.

SUGGESTION > Pour des boulettes encore plus croustillantes, remplacez la chapelure par de la polenta.

Arancini à la mozzarella

POUR 4 PERSONNES | **PRÉPARATION :** 15 MINUTES | **CUISSON :** 15 MINUTES

FRAIS

50 g de parmesan râpé en sachet
150 g de mozzarella de vache
1 œuf
40 g de beurre

ÉPICERIE

1 sachet de risotto pronto au safran (Riso Gallo) ou 500 g de risotto surgelé
100 g de farine
100 g de chapelure
20 cl de vin blanc sec

VIN

Coteaux-du-languedoc rosé (11°)

• Préparez le risotto en portant à ébullition 1 sachet de riz dans 20 cl de vin blanc et autant d'eau. Faites cuire 10 minutes en remuant souvent. Coupez la mozzarella en petits dés.

• Ajoutez le parmesan, remuez et retirez du feu. Laissez refroidir puis façonnez des boulettes entre vos mains. Creusez-les avec le pouce et farcissez-les avec un dé de mozzarella.

• Passez successivement ces boulettes dans la farine, l'œuf puis la chapelure et faites-les dorer 5 minutes à la poêle dans le beurre chaud.

CONSEIL > Vous pouvez également utiliser du risotto surgelé (déjà cuit). Dans ce cas, n'ajoutez ni vin ni parmesan.

Tartelettes de fromage aux artichauts

POUR 4 PERSONNES | **PRÉPARATION :** 10 MINUTES | **RÉFRIGÉRATION :** 3 HEURES

FRAIS

150 g de chèvre mi-sec ou de ricotta de brebis
Quelques gouttes de jus de citron
30 g de beurre
Ciboulette ciselée

ÉPICERIE

1 cuillerée à soupe de sauce pesto
150 g d'artichauts confits à l'huile
Sel, poivre

VIN

Bandol rosé (11°)

• Éliminez la croûte du fromage si nécessaire et mixez-le avec le beurre (que vous aurez pris soin de sortir à l'avance du réfrigérateur) jusqu'à obtention d'une pâte. Salez, poivrez et ajoutez la ciboulette. Façonnez 4 boulettes de ce mélange et étalez-les en disque au centre de 4 assiettes plates légèrement huilées. Couvrez de film alimentaire et placez 3 heures au moins au réfrigérateur.

• Étalez un peu de pesto sur les disques, coupez les quartiers d'artichauts en deux dans le sens de la longueur (ou en quatre s'ils sont vendus en moitiés) et disposez-les en étoiles sur les tartelettes de fromage. Arrosez de quelques gouttes de jus de citron, poivrez et servez bien frais, décoré de brins de ciboulette.

PRATIQUE > Utilisez un fromage mi-sec qui s'émiette facilement : trop frais, le « fond de tarte » serait trop mou; trop sec, il serait impossible à malaxer.

130 g - 4 1/2 oz
PRODUCT OF ITALY
B 220

FROMAGE DE CHÈVRE
Fabriqué à la ferme
conserver entre +4 et +8°C
Poids Net :
80g
Matière grasse
45%
Fabriqué en PAYS FORT par
ROGER E. et F. & CUSTODIO P.
Éleveurs
Tél. 02.48.79.43.38
GAEC Chèvrerie de la Tour - 18250 NEUVY-DEUX-CLOCHERS

Tarte à la roquette et aux pignons

POUR 4 À 6 PERSONNES | **PRÉPARATION :** 10 MINUTES | **CUISSON :** 35 MINUTES

FRAIS

1 rouleau de pâte brisée
400 g de roquette en sachet
70 g de parmesan
300 g de ricotta ou autre fromage très frais
2 œufs
4 brins de basilic (où 4 cuillerées à soupe de basilic surgelé)

ÉPICERIE

2 cuillerées à soupe d'huile d'olive
1 gousse d'ail
100 g de pignons
Sel, poivre

VIN

Coteaux-du-languedoc rosé (11°)

• Préchauffez le four à 200 °C (thermostat 6/7). Beurrez le moule et étalez la pâte, piquez-la de quelques coups de fourchette et placez-la au frais. Dans une poêle, faites chauffer l'huile d'olive puis faites blondir l'ail avec les pignons. Ajoutez la roquette et remuez 2 à 3 minutes, le temps qu'elle « tombe ».

• Dans un saladier, battez les œufs puis mélangez-y le fromage frais et le parmesan. Salez, poivrez modérément et ajoutez la roquette et le basilic ciselé.

• Versez sur le fond de tarte. Enfournez et laissez cuire 30 minutes. Couvrez de papier sulfurisé en cours de cuisson si la tarte blondit trop vite. Servez tiède ou froid, mais jamais glacé.

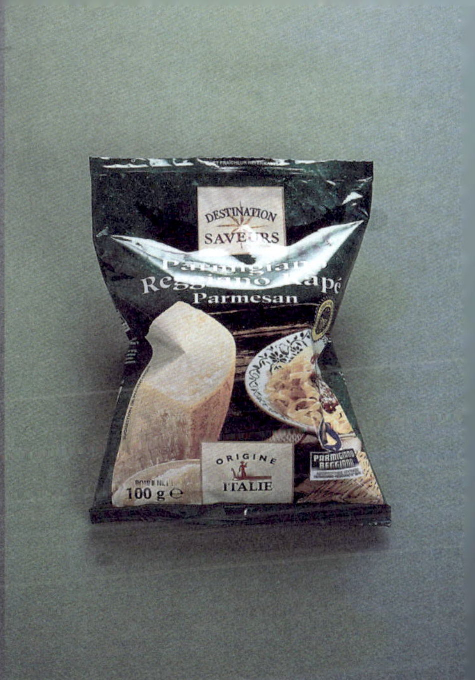
DESTINATION
SAVEURS
Parmesan
ORIGINE
ITALIE
100 g

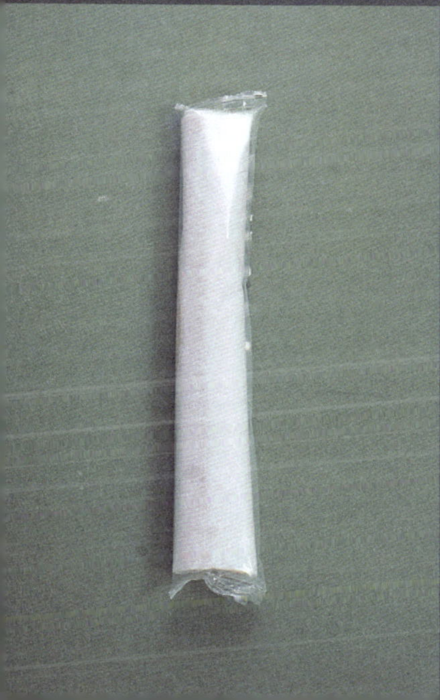

Salade tiède de brocolis aux céréales

POUR 4 PERSONNES I **PRÉPARATION :** 5 MINUTES I **CUISSON :** 10 MINUTES

FRAIS

1 cuillerée à soupe de jus de citron

SURGELÉ

600 g de fleurettes de brocolis ou 2 brocolis
100 g d'oignons hachés surgelés ou 1 petit oignon rouge coupé en rondelles assez larges

ÉPICERIE

1 cuillerée à soupe de graines de pavot
1 cuillerée à soupe de graines de sarrasin grillé et concassé (épicerie diététique)
1 cuillerée à soupe de graines de sésame
3 cuillerées à soupe d'huile de noix (ou de noisettes, de pistaches, de cacahuètes)
1/2 cuillerée à soupe de moutarde forte (ou 1 cuillerée à café de moutarde douce)
1 cuillerée à café de sauce de soja
Sel, poivre

VIN

Ca'bordenis bardolino classico santi DOC Italie (16°)

• Dans les paniers vapeur, placez les brocolis et les oignons. Faites cuire 8 à 10 minutes. Pendant ce temps, faites dorer les graines dans une poêle sans matière grasse. Remuez souvent.

• Pour préparer la sauce, mélangez le jus de citron, la sauce de soja, la moutarde et l'huile. Salez et poivrez légèrement.

• Coupez les fleurettes de brocolis en quatre, arrosez-les de sauce, mélangez-les avec les oignons dans un saladier et parsemez-les de graines bien chaudes. Servez immédiatement.

SUGGESTION > Ajoutez des copeaux de fromage de brebis sec sur la salade. Remplacez les graines de sarrasin par des graines de lin.

Crumble primavera

POUR 4 PERSONNES | **PRÉPARATION :** 20 MINUTES | **CUISSON :** 25 MINUTES

FRAIS

60 g de parmesan râpé
50 g de beurre

SURGELÉ

500 g de légumes vapeur (courgettes, tomates cerises, brocolis...) (Picard)
2 cuillerées à soupe de basilic haché

ÉPICERIE

60 g de farine complète
60 g de chapelure maison
2 cuillerées à soupe d'huile d'olive
3 cuillerées à soupe de pignons de pin
Sel, poivre

VIN

Côtes-de-provence rosé (11°)

• Préchauffez le four à 210 °C (thermostat 7). Préparez le crumble en mélangeant le beurre en morceaux, la farine, le parmesan, la chapelure et un peu de sel.

• Chauffez l'huile dans une poêle et versez-y les légumes, salez, poivrez et faites réduire 2 à 3 minutes à feu très vif.

• Répartissez les légumes dans un plat à gratin moyen, saupoudrez-les de basilic. Couvrez de crumble et parsemez de pignons. Enfournez et laissez cuire 20 minutes.

CONSEIL > Vous pouvez ajouter des dés de jambon blanc pour en faire un plat complet. Servez en accompagnement d'une viande blanche poêlée ou rôtie.

Risotto aux petits légumes

POUR 2 PERSONNES **CUISSON :** 10 MINUTES

SURGELÉ

1 bol de risotto aux champignons (Picard)
1 bol de légumes vapeur nature (tomates cerises, brocolis...) (Picard)
1 cuillerée à soupe de basilic haché

ÉPICERIE

Poivre blanc
Sel

VIN

Santi monteforte soave classico Italie (8°)

• Dans une cocotte, portez à ébullition 10 cl d'eau, ajoutez les légumes et laissez-les cuire jusqu'à absorption de l'eau.

• Ajoutez le risotto et laissez chauffer 4 à 5 minutes en remuant de temps en temps. Ajoutez le basilic, poivrez, salez légèrement et servez immédiatement.

Risotto rouge à l'infusion de saucisson

POUR 4 PERSONNES | **PRÉPARATION :** 5 MINUTES | **CUISSON :** 15 MINUTES

FRAIS

1 morceau de 100 g de saucisson (choisissez-le à votre goût : aux herbes, au piment, fumé ; mais, dans tous les cas, il doit être bien gras car c'est la seule matière grasse de la recette)
50 g de parmesan râpé

SURGELÉ

150 g d'oignons hachés

ÉPICERIE

250 g de riz rond
2 cuillerées à soupe de concentré de tomates
5 cuillerées à café de piment d'Espelette
40 cl de vin rouge fruité
1 cube de bouillon

VIN

Ca'bordenis bardolino classico santi DOC Italie (16°)

• Pelez le saucisson et hachez-le ou coupez-le en tout petits dés. Faites-le fondre tout doucement dans une casserole pour exprimer son gras. Ajoutez les oignons, la moitié du vin, et continuez la cuisson à feu moyen pendant 5 minutes en remuant souvent. Versez le riz, remuez pendant 2 minutes, ajoutez le reste du vin en deux ou trois fois, sans cesser de remuer.

• Pendant ce temps, portez une grande quantité d'eau à ébullition dans une bouilloire. Dès que le vin est évaporé, ajoutez le concentré de tomates, le piment et le bouillon-cube émietté. Versez ensuite l'eau 20 cl par 20 cl en remuant et en laissant évaporer entre chaque ajout. Dès que le riz est cuit mais encore ferme, coupez le feu et incorporez le parmesan. Remuez et couvrez. Laissez reposer 5 à 10 minutes avant de servir.

ATTENTION > Ce plat ne peut pas être préparé avec du risotto déjà cuit car sa cuisson doit se faire dans le vin rouge.

VARIANTE > Vous pouvez remplacer le saucisson par de la saucisse fumée et ajouter 1/2 cuillerée à café d'origan ou de thym.

Risotto au potimarron et à la ricotta fumée

POUR 4 PERSONNES | **PRÉPARATION :** 15 MINUTES | **CUISSON :** 20 MINUTES

FRAIS

30 g de parmesan râpé
40 g de ricotta fumée (ou 60 g de mimolette vieille)
60 g de beurre

SURGELÉ

500 g de purée de potimarron (Picard)
200 g d'oignons hachés
2 cuillerées à soupe de persil plat haché

ÉPICERIE

300 g de riz vialone nanno ou Arborio
2 cubes de bouillon de poule ou de légumes
2 cuillerées à soupe d'huile d'olive
Sel, poivre

VIN

Saumur-champigny (15°)

• Faites chauffer 20 g de beurre et 1 cuillerée à soupe d'huile d'olive dans une sauteuse. Faites fondre la moitié des oignons pendant 5 minutes, ajoutez la purée de potimarron, salez et poivrez. Couvrez et laissez cuire à feu moyen pendant 10 minutes.

• Pendant ce temps, portez à ébullition 1,5 litre d'eau avec les cubes de bouillon.

• Dans une deuxième sauteuse, faites fondre le reste des oignons avec 1 cuillerée à soupe d'huile d'olive et 20 g de beurre. Ajoutez le riz et remuez 3 minutes le temps qu'il devienne translucide. Ajoutez la purée de potimarron et diluez avec une louche de bouillon. Versez le bouillon petit à petit, sans cesser de remuer. Lorsque le riz est encore un peu ferme, arrêtez la cuisson, ajoutez le reste du beurre, remuez, puis incorporez 1 cuillerée à soupe de persil haché, le parmesan et la moitié de la ricotta. Remuez et couvrez. Laissez reposer 5 minutes.

• Gardez le bouillon frémissant. Juste avant de servir, ajoutez une louche de bouillon et remuez. Saupoudrez chaque assiette d'un peu de persil et du reste de ricotta fumée.

Salade de fusilli

POUR 6 PERSONNES | **PRÉPARATION :** 10 MINUTES | **CUISSON :** 10 MINUTES | **RÉFRIGÉRATION :** 1 HEURE MINIMUM

FRAIS

60 g de fromage de chèvre mi-sec
150 g de roquette

SURGELÉ

3 cuillerées à soupe de basilic haché
2 cuillerées à soupe de menthe hachée

ÉPICERIE

300 g de fusilli
2 cuillerées à soupe d'huile d'olive
1 cuillerée à soupe de vinaigre balsamique
1 cuillerée à soupe de pâte de tomates séchées pimentée
1 grosse boîte de tomates pelées au naturel
Sel, poivre

VIN

Sancerre rosé (10°)

• Faites cuire les pâtes *al dente*.

• Égouttez les tomates. Passez-les au mixeur avec le basilic et la menthe. Fouettez l'huile d'olive avec le vinaigre, la pâte de tomates, du sel et du poivre. Coupez le chèvre en petits dés ou brisez-le en éclats. Égouttez les pâtes, rincez-les à l'eau fraîche et arrosez-les avec le mélange à l'huile d'olive. Incorporez les tomates mixées, le fromage puis la roquette grossièrement ciselée. Remuez et servez bien frais.

rustichella d'abruzzo
Pasta di semola di grano duro
Ingredienti: semola di grano duro, acqua
Umidità 12,50 all'origine
500g e (1,1 Lb)
RUSTICHELLA D'ABRUZZO S.p.A.
Stabilimento di MOSCUFO - C/da Casale, 4
BEST BEFORE

Salade de spaghettis complets au caviar d'aubergines

POUR 6 PERSONNES | **PRÉPARATION :** 5 MINUTES | **CUISSON :** 10 MINUTES ENVIRON

FRAIS

5 grosses cuillerées à soupe de caviar d'aubergines provençal ou oriental, selon votre goût

SURGELÉ

1 boîte de menthe hachée (20 g)

ÉPICERIE

500 g de spaghettis à la farine complète ou semi-complète
125 g d'olives noires conservées à l'huile
Poivre blanc

VIN

Collioure (16°)

• Dénoyautez les olives et coupez-les en morceaux. Faites cuire les spaghettis *al dente* dans une grande quantité d'eau salée. Égouttez-les et rincez-les à l'eau froide pour arrêter leur cuisson et éviter qu'ils collent.

• Dans un saladier, mélangez les olives, le caviar d'aubergines et la menthe. Ajoutez les spaghettis et poivrez. Remuez et servez, ou laissez reposer au frais.

PRATIQUE > Vous pouvez acheter des olives déjà dénoyautées, mais elles sont souvent moins savoureuses.

CONSEIL > Cette salade est aussi simple que délicate, mais pour réussir votre effet, choisissez un caviar d'aubergines de bonne qualité. Personnellement, j'apprécie la version orientale, légèrement fumée, que l'on trouve désormais en barquette au rayon « frais » des grandes surfaces.

Bernard
en Provence
VIAR
ERGINES

Macaronis, haricots verts, pommes de terre et pesto

POUR 6 PERSONNES | **PRÉPARATION :** 5 MINUTES | **CUISSON :** 10 MINUTES ENVIRON

FRAIS

200 g de haricots verts frais éboutés en barquette
1 sachet de pommes de terre sous vide cuites à la vapeur (200 g minimum)
50 g de parmesan râpé

ÉPICERIE

250 g de macaronis
3 cuillerées à soupe de sauce pesto
Sel

VIN

Fitou (17°)

• Faites bouillir une grande quantité d'eau salée dans un faitout (la taille du récipient est importante car il doit pouvoir contenir aussi le sachet de pommes de terre). Rincez le sachet de pommes de terre et coupez les haricots verts en deux.

• Lorsque l'eau bout, versez-y les pâtes. Ajoutez les haricots verts 7 minutes avant la fin de cuisson des macaronis, puis immergez le sachet de pommes de terre 2 minutes après. Égouttez. Réservez le sachet de pommes de terre. Versez les macaronis et les haricots dans un plat de service chauffé. Ajoutez le pesto, remuez et gardez au chaud.

• Ouvrez le sachet de pommes de terre, utilisez-en 200 g et réservez le reste pour un autre plat. Coupez les pommes de terre en rondelles de 1/2 cm d'épaisseur. Incorporez-les aux pâtes, saupoudrez de parmesan et remuez. Servez bien chaud.

SUGGESTION > Ce plat génois peut aussi se manger froid. Dans ce cas, ajoutez un filet de citron et d'huile d'olive.

Fusilli à la fontina et au basilic pourpre

POUR 4 PERSONNES | **PRÉPARATION :** 10 MINUTES | **CUISSON :** 10 MINUTES

FRAIS
20 cl de crème liquide
100 g de fontina sans croûte
1/2 bouquet de basilic pourpre

ÉPICERIE
400 g de fusilli
Sel, poivre noir du moulin

VIN
Tavel (11°)

• Faites cuire les pâtes dans un grand volume d'eau salée. Pendant ce temps, faites chauffer la crème dans une grande casserole et ajoutez le fromage coupé en dés ou râpé. Lavez le basilic et effeuillez-le. Ciselez les feuilles.

• Égouttez les pâtes encore très *al dente* et jetez-les dans la sauteuse. Laissez chauffer 2 minutes en remuant pour qu'elles absorbent la crème. Versez dans un plat et parsemez de basilic ciselé.

• Servez accompagné d'une salade de pommes vertes, cornichons, concombre et menthe.

CONSEIL > Pour un plat encore plus joli, ne conservez que les petites pousses de basilic et servez-les entières. Vous pouvez mélanger basilic pourpre et basilic vert. Ajoutez éventuellement des lanières de san daniele très fines.

Penne au mesclun et au fromage croustillant

POUR 4 PERSONNES | **PRÉPARATION :** 10 MINUTES | **CUISSON :** 15 MINUTES

FRAIS

50 g de parmesan
200 à 250 g de mesclun en sachet
60 g de pain de campagne un peu rassis (de préférence à l'huile d'olive et/ou aux olives)

SURGELÉ

1 cuillerée à café d'ail haché

ÉPICERIE

350 g de petites penne
2 cuillerées à soupe de vinaigre balsamique
5 cuillerées à soupe d'huile d'olive
Sel, poivre

VIN

Coteaux-du-languedoc rosé (11°)

• Hachez le pain pour obtenir une chapelure grossière. Portez à ébullition une grande quantité d'eau salée.

• Faites dorer la chapelure dans 2 cuillerées à soupe d'huile d'olive dans une poêle 3 minutes à feu vif. Versez dans un bol et ajoutez le parmesan fraîchement râpé. Mélangez et réservez.

• Faites cuire les pâtes *al dente*. Pendant ce temps, faites chauffer le reste de l'huile d'olive et faites-y fondre l'ail. Ajoutez le mesclun, versez le vinaigre puis mélangez 1 minute sans cesser de remuer.

• Égouttez les pâtes rapidement et versez-les dans la poêle. Mélangez, salez, poivrez et répartissez-les dans les assiettes. Saupoudrez de fromage croustillant avant de servir.

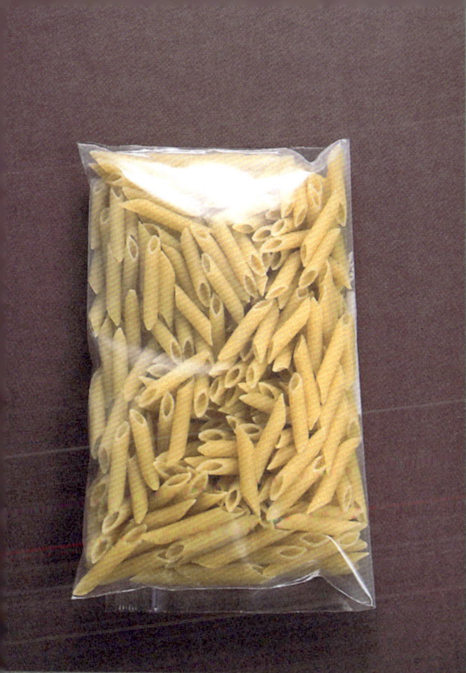

DESTINATION
SAVEURS
Parmigiano
Reggiano Râpé
Parmesan
ORIGINE
ITALIE
POIDS NET :
100 g e
PARMIGIANO
REGGIANO

Spaghettis à la putanesca

POUR 4 PERSONNES I **PRÉPARATION :** 15 MINUTES I **CUISSON :** 20 MINUTES

FRAIS
Parmesan (*facultatif*)

SURGELÉ
2 cuillerées à soupe d'ail haché
2 cuillerées à soupe de basilic haché

ÉPICERIE
300 g de spaghettis
1 petit bocal d'olives noires à l'huile d'olive
1 poignée de câpres égouttées
1 petite boîte d'anchois à l'huile
1 cuillerée à soupe d'origan séché
1 boîte de tomates pelées
1 cuillerée à café de chili en poudre
Sel

VIN
Bandol rosé (11°)

• Écrasez les olives pour les dénoyauter. Versez 4 cuillerées à soupe de l'huile des olives noires dans une grande poêle et faites-y fondre l'ail. Ajoutez les olives, les câpres grossièrement hachées et mélangez. Laissez mijoter 3 minutes.

• Ajoutez les anchois, le chili, l'origan et laissez revenir quelques minutes en écrasant le tout à la spatule. Hachez les tomates dans leur boîte en y plongeant les ciseaux. Versez-les avec leur liquide dans la poêle. Laissez bouillir 10 minutes. Retirez du feu.

• Portez une grande quantité d'eau salée à ébullition et faites cuire les spaghettis *al dente*. Égouttez-les, ajoutez-les à la sauce, remuez et parsemez de basilic. Vous pouvez éventuellement saupoudrer le plat de parmesan avant de servir, mais la tradition ne le réclame pas.

PRATIQUE > La sauce peut se garder 15 jours en pot. Si vos olives ne sont pas conservées à l'huile d'olive, utilisez une huile d'olive nature.

DE CECCO
Spaghettini • 11
PASTA DI SEMOLA DI GRANO DURO
DURUM WHEAT SEMOLINA PASTA
PÂTES ALIMENTAIRES DE SEMOULE DE BLÉ DUR
DE QUALITÉ SUPÉRIEURE
TEIGWAREN AUS HARTWEIZENGRIES
PASTA ALIMENTICIA DE CALIDAD SUPERIOR
MASSA DE SÉMOLA DE TRIGO DURO
500g ℮ 1.1 lb
Spaghettini • 11

CHIUDERE

Lasagnes du placard aux aubergines et à la mozzarella

POUR 4 PERSONNES | **PRÉPARATION :** 15 MINUTES | **CUISSON :** 30 MINUTES

FRAIS
70 g de parmesan râpé
1 boule de mozzarella de vache
50 cl de lait demi-écrémé
Beurre pour le plat

ÉPICERIE
150 à 200 g de feuilles de lasagnes vertes Barilla® précuites
400 g de sauce pizzaiola
1 bocal d'aubergines à l'huile (Saclà, 250 g)
1 sachet de béchamel en poudre (60 g)
Sel, poivre

VIN
Saumur-champigny (15°)

• Préchauffez le four à 200 °C (thermostat 6/7). Égouttez et râpez la mozzarella ou hachez-la grossièrement au couteau.

• Pour préparer la béchamel, faites chauffer le lait dans une casserole, versez-y le contenu du sachet, fouettez énergiquement puis ajoutez le parmesan. Salez peu et poivrez, remuez bien. Réservez.

• Beurrez un plat à gratin de taille moyenne et déposez une couche de feuilles de lasagnes en évitant de les superposer. Couvrez-les avec la moitié de la sauce pizzaiola puis ajoutez la moitié des aubergines égouttées, déposez une nouvelle couche de lasagnes puis couvrez avec la moitié de la béchamel. Parsemez de mozzarella et recommencez l'opération. Terminez par de la béchamel. Enfournez et laissez cuire 30 minutes.

CONSEIL > *Servez chaud accompagné d'une salade verte.*

PRATIQUE > Vous pouvez remplacer les aubergines à l'huile par des aubergines grillées surgelées.

Gnocchis à la romaine

POUR 6 PERSONNES | **PRÉPARATION :** 10 MINUTES | **RÉFRIGÉRATION :** 2 HEURES | **CUISSON :** 15 MINUTES

FRAIS
1 l de lait entier ou demi-écrémé
100 g de beurre
100 g de parmesan râpé
2 jaunes d'œufs

SURGELÉ
100 g de tomates confites surgelées (Picard)

ÉPICERIE
250 g de polenta précuite
3 cuillerées à soupe de chapelure maison
3 pincées de noix de muscade râpée
Poivre blanc

VIN
Tavel (11°)

• Portez à ébullition le lait et 40 g de beurre dans une casserole. Dès les premiers bouillons, versez la polenta et remuez sans arrêt jusqu'à absorption complète. Retirez du feu, ajoutez 40 g de beurre, la noix de muscade, 50 g de parmesan et les jaunes d'œufs. Poivrez.

• Versez cette | PRÉPARATION sur une plaque antiadhésive ou bien huilée, et lissez la surface avec les mains mouillées. Laissez prendre au frais 2 heures au moins. Prélevez les gnocchis en enfonçant 1 verre retourné dans la pâte.

• Préchauffez le four à 220 °C (thermostat 7/8). Beurrez un plat à four, disposez les gnocchis en les superposant légèrement et glissez une tranche de tomate confite entre chacun d'eux. Saupoudrez du reste de parmesan, de chapelure et de 20 g de beurre. Enfournez et laissez cuire 10 à 15 minutes dans le haut du four.

PRATIQUE > Les tomates confites se trouvent également au rayon « frais ».

Thon mi-cuit au pesto

POUR 4 PERSONNES | **PRÉPARATION :** 10 MINUTES | **CUISSON :** 10 MINUTES

FRAIS
2 grosses cuillerées à soupe de pecorino râpé
1 cuillerée à soupe de jus de citron

SURGELÉ
4 pavés de thon

ÉPICERIE
2 cuillerées à soupe de chapelure
2 cuillerées à soupe de pesto

VIN
Collioure (16°)

• Préchauffez le four à 240 °C (thermostat 8). Couvrez la plaque du four d'une feuille de papier d'aluminium huilée. Déposez les pavés de thon surgelés.

• Mélangez le pesto avec 1 cuillerée à soupe de jus de citron et badigeonnez-en les pavés.

• Mélangez le fromage et la chapelure puis saupoudrez les pavés. Passez-les 10 minutes au four.

CONSEIL > Accompagnez d'une salade de germes de soja.

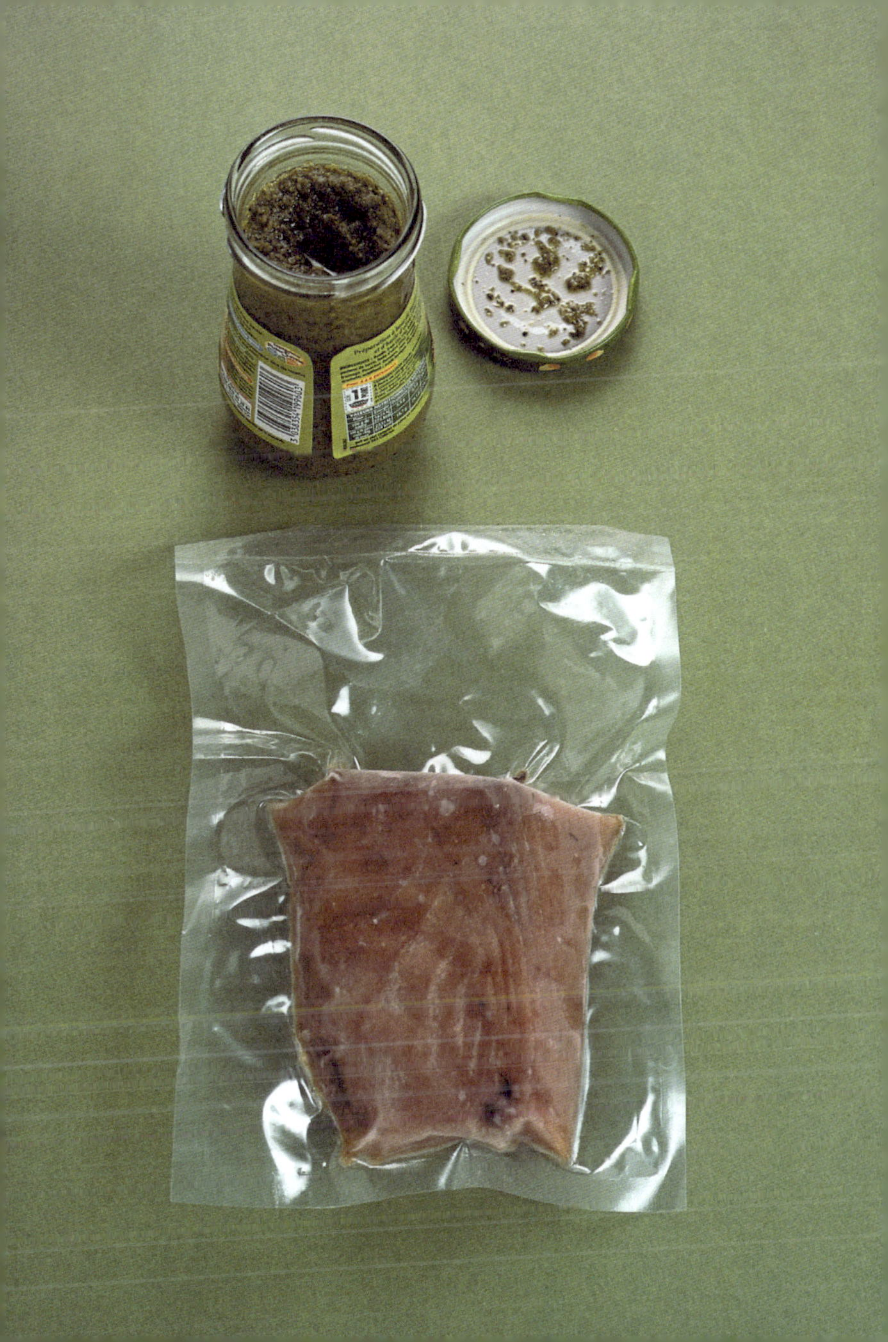

Dis donc, t'assure grave en cuisine !

Delphine, Julie, Barbara, Lili, Marion et Gwénaëlle

À ceux qui me demandent comment m'est venue cette passion pour la cuisine, je dis souvent que c'était par amour pour un fin gourmet.
C'est oublier qu'un dîner sur deux était destiné à nourrir mes copines. Delphine, Julie, Barbara, Lili, Marion et Gwénaëlle, fidèles et inamovibles depuis l'antique époque de la récré.
Autant dire que l'enjeu était de taille : ne pas trancher avec l'alimentation exclusivement féculente de Delphine, respecter l'aversion de Julie pour les sauces et toutes les formes d'assaisonnements, deviner si Barbara serait, ce jour-là, au régime biovégétarien ou au tout-McDo, cuire la viande plus de 5 heures pour que Lili la trouve assez « sèche » à son goût, réussir à composer un menu avec les nourritures élémentaires de Marion (corn flakes, purée Mousline® et confit de canard) et abandonner toute nourriture carnée pour préserver le teint éthéré de Gwénaëlle. Cela donne un éventail de plats rigolos, parfois diététiques, parfois hérétiques.

MES FÉTICHES

Pâte feuilletée

Plutôt que de donner des tours à ma pâte pendant des heures à la façon des pâtissiers, j'opte sans mégoter pour la pâte préétalée. J'ai fait le test d'en cuire une bonne dizaine et le résultat est indiscutable : enrichie en crème, la Monoprix Gourmet est ma préférée.

Figues surgelés

Surgelées en quartiers, elles ne remplaceront jamais une figue éclatée au soleil dans laquelle on croque à belles dents. Néanmoins, elles se prêtent très bien à la cuisson sans perdre leur tenue. Comme pour tous les fruits, je conseille de les décongeler avant de les utiliser pour éviter qu'elles lâchent trop de jus à la cuisson.

Flocons de purée

Combien de fois n'ai-je pas dénoncé l'usage honteux de la purée lyophilisée ? La paresse culinaire ne trouvait à mes yeux aucune grâce quand nous en venions à ce chapitre. Un jour, à court de chapelure dans une cuisine qui n'était pas la mienne, j'improvisais un poisson pané aux flocons de pommes de terre. Et voilà ces abominables flocons entrés dans mon kit de survie alimentaire.

Aubergines grillées

Honnêtement, qu'y a-t-il de plus difficile que de faire griller des lamelles d'aubergines ? Pour les parfumer et éviter qu'elles brûlent, on est tenté de les couvrir d'huile d'olive ; au contraire, si l'on veut préserver leur légèreté, les voilà sèches (au mieux) ou carbonisées si on les a lâchées d'une semelle pendant la cuisson. Heureusement, M. Picard a réussi le tour de force de trouver l'équilibre parfait. Passées quelques minutes au four à micro-ondes ou dans une poêle sèche, ces tranches d'aubergines grillées surgelées retrouvent leur souplesse, et nous notre bonne humeur.

Crumpets

Des petites crêpes anglaises levées que l'on sert d'habitude au *breakfast*, ensevelies sous des couches de « jam » ou de « mapple sirup ». Moi, je les couvre de fromage pour faire des crostinis improvisés, mais il m'arrive aussi de les cuire comme du pain perdu, car leurs alvéoles leur permettent de s'imbiber de crème en un clin d'œil.

Anchoïade

Écrasé et fondu sur le feu, l'anchois sale et aromatise en même temps. D'une saveur plus ronde et plus discrète, l'anchoïade fait partie de mes condiments vitaux, de ceux que je serais tentée de mettre dans mon sac à main. L'expérience m'a appris qu'il valait mieux cacher mon inclination à mes copines, l'anchois n'ayant pas bonne presse auprès des filles. Les amateurs seront agréablement surpris et les autres ne remarqueront même pas son arôme, juste destiné à parfumer.

Ronik
purée
en flocons
de pommes de terre

Granité de gaspacho

POUR 6 PERSONNES | **CONGÉLATION :** 6 HEURES AU MOINS

FRAIS

1 l de gaspacho maison ou 1 brique de gaspacho Alvalle® (en grande surface)

VIN

Côtes-de-provence rouge (15°)

• Remuez le gaspacho et versez-le dans un récipient en plastique bas et large (le liquide gèlera plus vite). Couvrez et mettez à congeler.

• Au bout de 4 heures, grattez avec une fourchette et remettez à congeler au moins 2 heures. Grattez à la fourchette une nouvelle fois avant de servir dans des verres évasés avec des petites cuillères.

FÉTICHE > Quand les produits industriels parviennent à se hisser au niveau des meilleurs plats faits maison, pourquoi ne pas céder à la facilité ? « Le plaisir de cuisiner », me direz-vous, et vous aurez raison. Toutefois, quand la saison n'est pas au beau et que les légumes n'ont connu que la chaleur des serres, le gaspacho en brique est un rayon de soleil. Ma préférence va à cette marque espagnole, dont le gaspacho est diablement sapide et parfaitement assaisonné. Selon votre goût, vous pouvez le pimenter, le saler ou le sucrer davantage.

Alvalle
Alvalle
GAZPACHO
Mediterrane soep
van verse groenten
BIEN AGITER
AVANT DE SERVIR
koel serveren

Carotococa

POUR 4 PERSONNES | **CUISSON :** 35 MINUTES

FRAIS
30 g de beurre

SURGELÉ
600 g de carottes émincées
150 g d'oignons hachés

ÉPICERIE
20 cl de Coca-Cola
2 feuilles de laurier
Sel, poivre

VIN
Coteaux-du-languedoc blanc (8°)

• Faites revenir les carottes avec l'oignon dans le beurre. Versez le Coca-Cola, ajoutez le laurier, salez et poivrez, remuez et couvrez.

• Laissez cuire 30 minutes en remuant de temps en temps. Terminez la cuisson à découvert pour faire caraméliser les carottes.

CONSEIL > Servez avec une viande braisée ou rôtie.

Blue crumpets

POUR 4 PERSONNES | **PRÉPARATION :** 5 MINUTES | **CUISSON :** 5 MINUTES

FRAIS

4 crumpets (grosses crêpes anglaises alvéolées, vendues sous sachet)
100 g de roquefort
100 g de pousses d'épinards

ÉPICERIE

1 cuillerée à soupe de *mint sauce* anglaise
50 g de cerneaux de noix
1 cuillerée à soupe d'huile de noix
Poivre

Pour la sauce de la salade d'épinards :
1/2 cuillerée à soupe de vinaigre doux (cidre, noix...)
1/2 cuillerée à soupe de sirop d'érable
2 cuillerées à soupe d'huile de noix

VIN

Cassis blanc (9°)

Préchauffez le gril du four. Dans une assiette, écrasez le roquefort, puis ajoutez la *mint sauce* et les cerneaux de noix concassés. Déposez une feuille de papier d'aluminium sur la plaque du four et huilez-la à l'huile de noix. Toastez légèrement les crumpets sous le gril ou dans un toaster. Tartinez-les avec le mélange au roquefort, arrosez d'un filet d'huile de noix, poivrez et faites dorer sous le gril 5 minutes environ.

• Assaisonnez les pousses d'épinards en mélangeant le vinaigre, le sirop d'érable et l'huile de noix. Salez, poivrez et servez avec les crumpets bien chauds.

SUGGESTION > Pour être « british » jusqu'au bout, remplacez le roquefort par du stilton.

Tatin de cerises au brebis basque

POUR 6 PERSONNES I **PRÉPARATION :** 5 MINUTES I **CUISSON :** 40 MINUTES

FRAIS

1 rouleau de pâte brisée prête à l'emploi
100 g de fromage de brebis (type Ossau-Iraty) sans la croûte
25 g de beurre
Salade de mesclun

SURGELÉ

1 kg de cerises

ÉPICERIE

100 g de sucre roux + 1 cuillerée à soupe
5 cl d'eau-de-vie
1 bâton de cannelle
Poivre

VIN

Irouléguy (15°)

- Préchauffez le four à 200 °C (thermostat 6/7). Mettez 100 g de sucre, les cerises, la cannelle et le beurre dans une casserole, puis donnez quelques tours de moulin à poivre. Faites chauffer à feu doux jusqu'à ce que le jus réduise et devienne sirupeux. Incorporez l'eau-de-vie.
- Ôtez le bâton de cannelle, versez le tout dans un moule à manqué, couvrez avec la pâte dont vous découperez l'excédent sur les bords. Saupoudrez avec le reste de sucre puis enfournez. Laissez cuire 35 minutes.
- Retirez du four, laissez reposer 5 minutes, puis démoulez en retournant la tarte. Râpez le fromage sur la tarte bien chaude et servez avec une salade de mesclun.

SUGGESTION > L'eau-de-vie est facultative, vous pouvez la retirer ou la remplacer par du kirsch.

ISTARA
OSSAU-IRATY
180g℮
Product of France
Produit de France

CANNE
DEMERARA

Tarte aux figues et à l'anchoïade

POUR 6 PERSONNES | **DÉCONGÉLATION :** 5 HEURES | **PRÉPARATION :** 10 MINUTES | **CUISSON :** 25 MINUTES

FRAIS

1 rouleau de pâte feuilletée
1 petite tomate bien ferme

SURGELÉ

400 g de figues

ÉPICERIE

250 g d'anchoïade toute prête
1 cuillerée à café de sucre glace
Poivre du moulin

VIN

Coteaux-du-languedoc blanc (8°)

• Laissez décongeler les figues 5 heures au réfrigérateur. Préchauffez le four à 210 °C (thermostat 7). Déroulez la pâte sur son papier d'emballage, roulez légèrement les bords sur eux-mêmes et piquez-la de toutes parts avec une fourchette. Couvrez-la d'une feuille de papier sulfurisé puis de légumes secs pour éviter qu'elle gonfle. Enfournez 20 minutes.

• Pelez 200 g de figues et écrasez-les à la fourchette. Incorporez-les à l'anchoïade et rectifiez l'assaisonnement.

• Lavez, épépinez et coupez la tomate en petits dés. Étalez l'anchoïade sur le fond de tarte. Coupez les figues restantes en lamelles et disposez-les sur la tarte. Parsemez de dés de tomate, poivrez, saupoudrez de sucre glace et passez 3 minutes au four. Servez chaud, tiède ou froid.

ASTUCE > Vous pouvez servir l'anchoïade aux figues telle quelle, avec des crudités ou une viande poêlée.

Tarte Tatin aux artichauts et au cantal

POUR 4 À 6 PERSONNES | **PRÉPARATION :** 10 MINUTES | **CUISSON :** 45 MINUTES

FRAIS

60 g de cantal vieux
1 rouleau de pâte feuilletée
Parmesan râpé

SURGELÉ

2 boîtes de fonds d'artichauts
1 cuillerée à soupe d'ail haché
3 cuillerées à soupe de basilic ciselé

ÉPICERIE

1/2 verre de vin blanc
40 cl de coulis de tomates
2 cuillerées à soupe d'huile d'olive
1 cuillerée à café de thym séché
Sel et poivre

VIN

Cassis blanc (9°)

• Préchauffez le four à 240 °C (thermostat 8). Râpez le cantal. Dans une grande poêle, placez les fonds d'artichauts côté bombé vers le haut, versez le vin blanc, 1/2 verre d'eau, salez, poivrez. Portez à ébullition et couvrez. Laissez cuire jusqu'à évaporation du liquide (10 minutes environ).

• Pendant ce temps, faites dorer l'ail dans 1 cuillerée à soupe d'huile d'olive, ajoutez le coulis de tomates et laissez réduire à feu moyen pendant 10 minutes. Incorporez le basilic et réservez.

• Lorsque tout le liquide des fonds d'artichauts s'est évaporé, ajoutez un filet d'huile d'olive et laissez dorer 3 minutes à feu vif, sans retourner les fonds. Huilez un moule à tarte de taille moyenne, saupoudrez le fond avec la moitié du cantal. Déposez les fonds face bombée vers le haut et saupoudrez-les d'une fine couche de parmesan râpé. Couvrez le tout avec le coulis de tomates, puis saupoudrez avec le reste de cantal.

• Étalez la pâte sur le dessus, enfoncez bien les bords en les écrasant à l'intérieur avec le doigt. Enfournez, baissez la température du four à 180 °C et laissez cuire 30 minutes. Sortez la tarte du four et laissez tiédir 5 minutes avant de la démouler en la retournant. Servez tiède, accompagné d'une salade verte croquante.

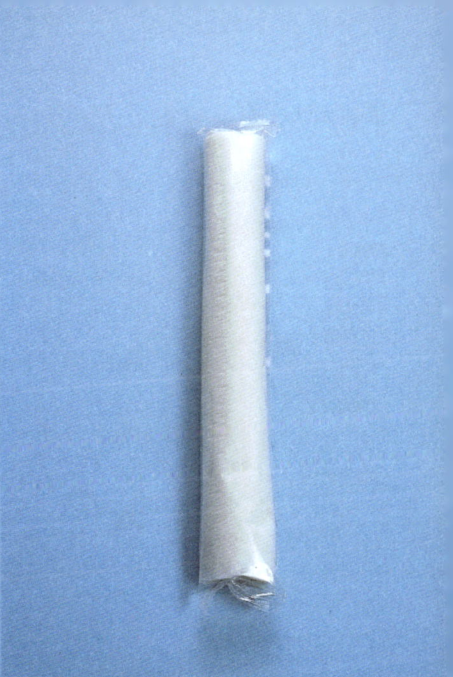

HEINZ
1869
Le Coulis de Tomates

Petits flans à la moutarde et au soja

POUR 6 PERSONNES I **PRÉPARATION :** 15 MINUTES I **CUISSON :** 35 MINUTES

FRAIS

100 g de mozzarella de vache râpée
4 œufs
50 cl de Sojasun® cuisine
100 g de jambon en allumettes (en barquette)

SURGELÉ

2 cuillerées à soupe de basilic haché

ÉPICERIE

80 g de moutarde forte de Dijon
1 cuillerée à soupe de moutarde en grains
Sel, poivre

VIN

Cassis rosé (11°)

• Préchauffez le four à 180 °C (thermostat 6).

• Fouettez les œufs avec les moutardes. Ajoutez le Sojasun®, la mozzarella râpée, le jambon puis le basilic. Salez et poivrez. Remuez bien. Répartissez la préparation dans des moules individuels évasés bien beurrés. Enfournez et laissez cuire 35 minutes. Démoulez et servez tiède ou froid.

Aubergines à l'orientale

POUR 6 PERSONNES I **PRÉPARATION :** 5 MINUTES I **CUISSON :** 5 MINUTES

FRAIS
400 g de yaourt à la grecque ou de fromage blanc battu

SURGELÉ
2 sachets d'aubergines grillées Picard® (600 g)
1 bonne cuillerée à soupe d'ail haché
2 cuillerées à soupe de menthe hachée

ÉPICERIE
2 cuillerées à soupe d'huile d'olive
Sel, poivre

VIN
Côtes-de-provence rosé (11°)

• Mélangez le yaourt et l'ail. Ajoutez la menthe, du sel et du poivre et réservez au frais.

• Faites chauffer l'huile d'olive dans une grande poêle, puis déposez-y les aubergines surgelées et laissez dorer 2 minutes de chaque côté à feu assez vif. Roulez-les et mettez-les dans une assiette, puis couvrez-les de yaourt à l'ail. Servez immédiatement.

CONSEIL > Cette recette simplissime ne supporte pas d'être préparée à l'avance, excepté le yaourt. L'éclat de ce plat tient au contraste entre les aubergines brûlantes et croustillantes et la fraîcheur du yaourt.

SUGGESTION > Bien que naturellement légère, cette recette peut l'être encore plus si vous faites dorer les aubergines dans une poêle antiadhésive, sans huile, et que vous utilisez du fromage blanc à 0 %.

Gâteau de penne aux aubergines

POUR 8 PERSONNES | **PRÉPARATION :** 30 MINUTES | **CUISSON :** 1 HEURE

FRAIS

100 g de Toastinettes au cheddar ou de cheddar en tranches fines
100 g de parmesan râpé
500 g de viande hachée (veau ou bœuf)
1 œuf

SURGELÉ

700 g d'aubergines grillées (Picard)
2 cuillerées à café d'ail haché

ÉPICERIE

500 g de penne
2 grosses boîtes de tomates pelées au naturel
2 cuillerées à soupe de concentré de tomates
200 g d'olives vertes dénoyautées
1 bouillon-cube de bœuf
1 cuillerée à café de fleur de thym
3 cuillerées à soupe d'huile d'olive
Sel, poivre

VIN

Cassis rosé (11°)

• Versez le contenu des deux boîtes de tomates (jus compris) dans une grande casserole, écrasez-les grossièrement. Ajoutez 3 cuillerées à soupe d'huile d'olive, l'ail, le concentré de tomates, le thym, le bouillon-cube et enfin la viande hachée. Salez peu et poivrez. Mélangez et laissez mijoter 30 minutes à feu moyen. La | PRÉPARATION doit avoir épaissi sans être sèche. Préchauffez le four à 200 °C (thermostat 6/7).

• Faites cuire les penne *al dente*, égouttez-les puis rafraîchissez-les sous l'eau froide. Ôtez du feu la sauce à la viande et versez-y les penne. Incorporez rapidement l'œuf, le parmesan et les olives dénoyautées. Huilez un moule à manqué de 26 cm de diamètre.

• Tapissez le fond et les parois d'une couche d'aubergines. Versez la moitié des penne à la sauce dans le moule. Couvrez avec les lamelles de cheddar, puis versez le reste de penne. Recouvrez d'aubergines. Huilez la surface avec le reste d'huile d'olive. Couvrez avec une feuille de papier d'aluminium. Enfournez 20 minutes, retirez le papier d'aluminium et poursuivez la cuisson 10 minutes de plus. Démoulez et servez bien chaud accompagné d'une salade verte.

Carpaccio de haddock

POUR 4 PERSONNES I **RÉFRIGÉRATION :** 1 HEURE I I **PRÉPARATION :** 10 MINUTES

FRAIS

300 g de filets de haddock (existe aussi surgelé)
Le jus de 1/2 citron

SURGELÉ

2 cuillerées à soupe de menthe hachée

ÉPICERIE

4 cuillerées à soupe de crème liquide
2 bonnes cuillerées à soupe de jus d'orange
Poivre du moulin

VIN

Rosé de Loire (10°)

• Placez les filets de haddock 1 heure au congélateur pour les raffermir (ou faites-les décongeler 2 heures à température ambiante s'ils sont surgelés).

• Avec un couteau bien tranchant sans dents, découpez-les très finement dans la longueur pour obtenir des lamelles les plus fines possible. Répartissez-les bien à plat dans les assiettes et arrosez-les de quelques gouttes de jus de citron.

• Mélangez la crème avec le jus d'orange et nappez-en les assiettes. Saupoudrez de menthe et poivrez généreusement. Servez immédiatement avec des toasts de pain de campagne et une salade de feuilles de menthe fraîche au citron.

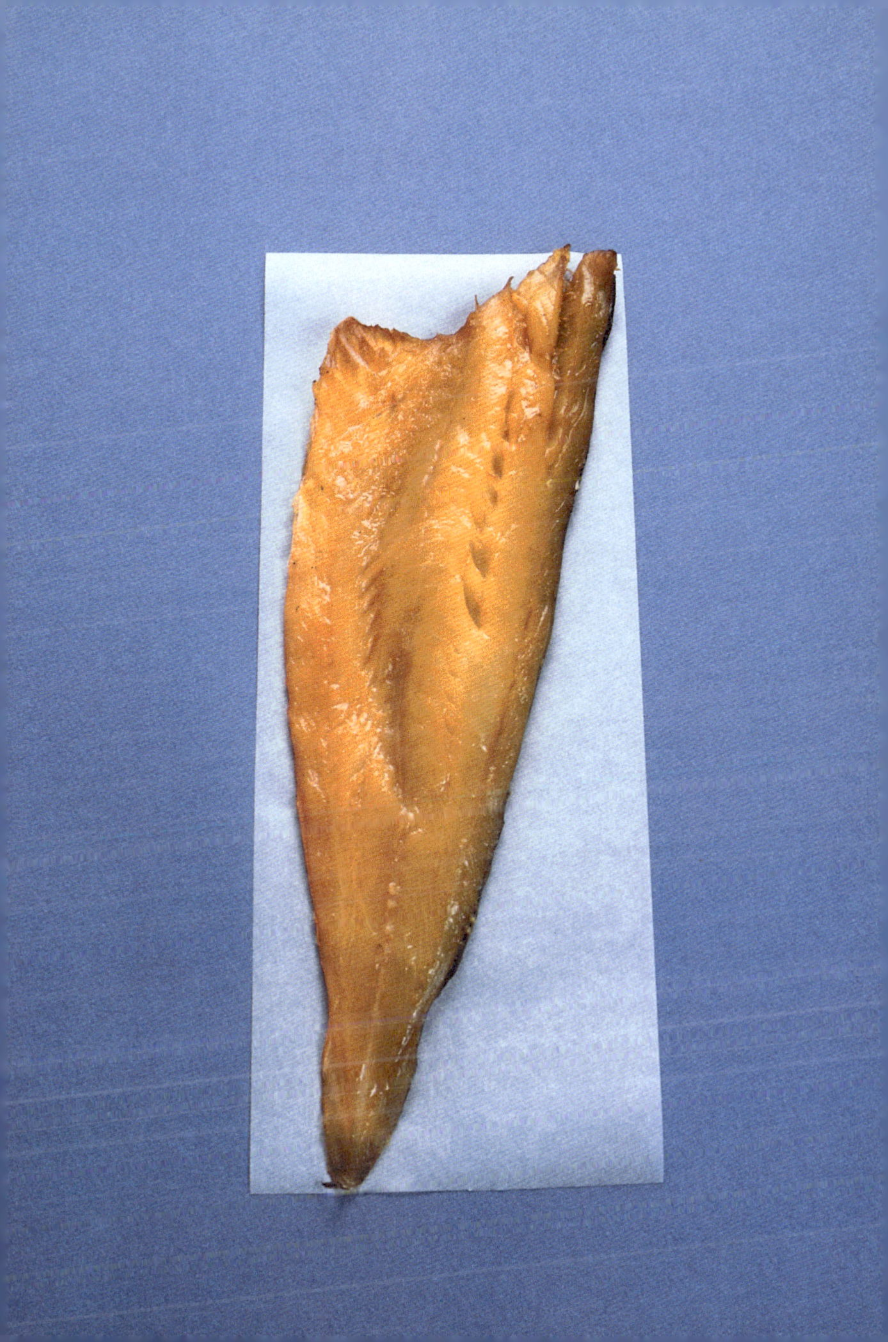

Galette croustillante de riz et petits pois au safran

POUR 4 PERSONNES | **PRÉPARATION :** 5 MINUTES | **CUISSON :** 25 MINUTES

FRAIS

50 g de beurre
250 g de yaourt à la grecque (pour accompagner)

SURGELÉ

400 g de riz basmati précuit (Picard)
250 g de petits pois extrafins (les plus petits)

ÉPICERIE

2 doses de safran
2 cuillerées à soupe de graines de pavot
1 cuillerée à soupe de menthe séchée
Sel, poivre

VIN

Irouléguy (15°)

• Faites fondre le beurre dans une grande poêle à bords hauts ou une sauteuse antiadhésive. Dans un saladier, mélangez les petits pois et le riz encore surgelés. Ajoutez le safran, les graines de pavot, la menthe, salez et poivrez. Versez la | PRÉPARATION dans la poêle d'un seul coup et lissez bien la surface. Ne remuez surtout pas pour pouvoir obtenir l'effet « croustillant ».

• Couvrez avec un torchon, puis avec un couvercle, et laissez cuire 25 minutes sur feu doux. Retirez le couvercle, passez un couteau le long des parois, posez un plat sur la poêle et retournez d'un coup sec pour « démouler » la galette. Coupez comme une tarte et servez en dosant bien le riz moelleux et le riz croustillant. Accompagnez de yaourt à la grecque fouetté.

Riz basmati au thé vert

POUR 6 PERSONNES | **PRÉPARATION :** 5 MINUTES | **CUISSON :** 15 MINUTES

ÉPICERIE

300 g de riz basmati
2 sachets de thé vert ou 1 cuillerée à soupe de thé vert Macha® en poudre
1 cuillerée à soupe d'huile ordinaire
1 cuillerée à café de sel

VIN

Irouléguy (15°)

• Dans une casserole, portez à ébullition 60 cl d'eau avec les sachets de thé. Retirez les sachets dès que l'eau bout. Si vous utilisez du thé Macha, ajoutez-le après ébullition.

• Faites chauffer l'huile dans une grande poêle (ou dans une sauteuse) à feu moyen. Ajoutez le riz et remuez jusqu'à ce qu'il soit bien imprégné d'huile. Versez le thé bouillant, ajoutez le sel, mélangez une fois, couvrez la poêle et baissez le feu au minimum. Faites cuire le riz à feu très doux 15 minutes sans remuer et sans couvrir. En fin de cuisson, vérifiez que toute l'eau a bien été absorbée en inclinant la poêle. Laissez cuire encore quelques minutes si nécessaire.

• Retirez la poêle du feu et couvrez-la d'un torchon pour absorber l'humidité. Laissez reposer 5 minutes avant de verser le riz dans le plat de service préchauffé en l'aérant à la fourchette.

FÉTICHE > Difficile de tracer le portrait du thé vert en quelques lignes. Japonais ou chinois, ce thé non fermenté peut être, selon sa rareté, une boisson quotidienne ou un breuvage rituellement célébré. En sillonnant le Japon, j'ai découvert qu'on en faisait également usage en cuisine. En poudre, il fait office de condiment et remplace parfois le sel sur les tables. En infusion, il parfume l'eau de cuisson de mon riz ou de mes bulots et apporte une fraîcheur dont vous serez désormais les seuls à connaître le secret.

宇治抹茶
羽衣

Blancs de poulet au citron et aux amandes

POUR 4 PERSONNES I **PRÉPARATION :** 5 MINUTES I **CUISSON :** 20 MINUTES

FRAIS

4 blancs de poulet
2 cuillerées à soupe de jus de citron + le zeste haché de 1/2 citron

SURGELÉ

200 g d'oignons hachés en cubes
1 cuillerée à soupe d'ail haché

ÉPICERIE

100 g d'amandes entières pelées
2 cuillerées à soupe d'huile d'arachide
2 cuillerées à soupe de sauce de soja

VIN

Irouléguy (15°)

Émincez les blancs de poulet en lamelles de 1 cm de large. Faites-les sauter 40 secondes à feu vif dans une poêle avec l'huile d'arachide et l'ail. Retirez-les à l'écumoire et remplacez-les par les amandes. Laissez dorer 5 minutes, ajoutez les oignons et laissez fondre encore 5 minutes. Ajoutez la sauce de soja puis le jus et le zeste de citron. Laissez cuire 5 dernières minutes. Ajoutez le poulet, remuez encore 30 secondes puis servez avec une poêlée de légumes.

Tajine de poulet au confit de tomates

POUR 6 PERSONNES | **PRÉPARATION :** 5 MINUTES | **CUISSON :** 1 HEURE

FRAIS

6 cuisses de poulet (fermier ou bio, si possible)

SURGELÉ

400 g d'oignons émincés
1 cuillerée à soupe d'ail haché

ÉPICERIE

1 cuillerée à soupe d'huile d'olive
1 kg de tomates pelées au naturel
2 doses de safran en poudre (ou en filaments, dilués dans un peu d'eau)
2 cuillerées à soupe de miel
1 cuillerée à café de cannelle
1 cuillerée à café de cumin
2 cuillerées à soupe de graines de sésame
Sel, poivre

VIN

Irouléguy (15°)

• Versez l'huile dans une cocotte, faites dorer les cuisses de poulet sur toutes les faces et retirez-les. Faites fondre les oignons quelques minutes dans la cocotte.

• Versez les tomates dans une passoire, pressez-les pour en faire sortir les pépins et laissez égoutter quelques instants. Ajoutez les épices et l'ail dans la cocotte, remuez 1 minute puis incorporez les tomates. Salez et poivrez généreusement. Placez les cuisses de poulet dans cette sauce, couvrez et laissez cuire 45 minutes à feu doux.

• Sortez les cuisses de la cocotte, ajoutez le miel à la sauce, mélangez et augmentez le feu pour que la sauce réduise et devienne sirupeuse. Remettez les cuisses dans la sauce et laissez-les réchauffer quelques minutes à couvert.

• Dans une poêle sèche, faites dorer les graines de sésame. Servez les cuisses avec leur sauce et parsemez de sésame avant de servir. Accompagnez de boulgour ou de semoule.

Fricassée de calmars à l'anchoïade

POUR 2 PERSONNES | **CUISSON :** 10 MINUTES AU MAXIMUM

SURGELÉ

300 g de têtes et de pattes de calmars
250 g de légumes vapeur (Picard)
1 cuillerée à soupe d'ail haché
2 cuillerées à soupe d'estragon haché

ÉPICERIE

1 cuillerée à soupe d'anchoïade
2 cuillerées à soupe de vin blanc sec
2 cuillerées à soupe d'huile d'olive
Olives noires pour décorer
Sel, poivre

VIN

Côtes-de-provence rosé (11°)

Faites chauffer l'huile dans une sauteuse ou dans un wok. Versez les calmars surgelés ainsi que l'ail. Faites sauter à feu très vif jusqu'à évaporation de l'eau. Arrosez de vin blanc, mélangez de nouveau et ajoutez les légumes puis l'anchoïade. Faites revenir 4 minutes. Salez, poivrez et retirez du feu. Ajoutez l'estragon, décorez avec quelques olives noires puis servez.

VARIANTE > Vous pouvez remplacer l'anchoïade par de la tapenade.

Filets de daurade soufflés

POUR 6 PERSONNES I **PRÉPARATION :** 10 MINUTES I **CUISSON :** 10 MINUTES

FRAIS

2 œufs
30 g de beurre
25 cl de lait

SURGELÉ

6 filets de daurade

ÉPICERIE

2 sachets de 100 g de flocons de pomme de terre
1 cuillerée à soupe de curcuma
1 cuillère à soupe d'huile d'olive
Tapenade
Sel, poivre

VIN

Coteaux-du-languedoc blanc (8°)

• Faites décongeler les filets de daurade 4 heures au réfrigérateur ou quelques minutes au micro-ondes. Cassez les œufs dans un plat creux, salez, poivrez et ajoutez le curcuma. Fouettez bien. Versez le contenu d'un sachet de flocons de pomme de terre dans un autre plat creux. Séchez les filets avec du papier absorbant. Panez-les en les passant successivement dans l'œuf puis dans les flocons. Déposez-les sur du papier absorbant.

• Faites chauffer le beurre et l'huile à feu vif dans deux grandes poêles. Faites dorer les filets de daurade 2 minutes de chaque côté alternativement dans les deux poêles.

• Pendant ce temps, préparez la purée aux olives avec le second sachet de flocons et du lait, en suivant les indications sur l'emballage, et ajoutez de la tapenade. Servez le poisson bien chaud avec des quartiers de citron.

CONSEIL > Pour que votre « panure » soit vraiment croustillante et soufflée, égouttez bien les filets de daurade avant de les paner. Ne les faites pas attendre avant de les faire cuire et ne les arrosez d'aucune sauce – cela ramollirait instantanément les flocons.

VARIANTE > Vous pouvez aussi utiliser des filets de bar, de cabillaud ou de colin, frais ou surgelés.

FLOCALAIT
Ronik
purée
en flocons
au lait écrémé
4 assiettes

Rougets en escabèche d'agrume

POUR 4 PERSONNES | **DÉCONGÉLATION :** 24 HEURES | **CUISSON :** 10 MINUTES | **REPOS :** 24 HEURES

SURGELÉ

250 g de filets de rouget
4 cuillerées à soupe d'oignons hachés
1 cuillerée à café d'ail haché

ÉPICERIE

Tranches de Ciabatta grillées
4 cuillerées à soupe de farine
3 cuillerées à soupe de jus d'orange concentré (surgelé ou en brique)
3 cuillerées à soupe de vin blanc sec
4 cuillerées à soupe d'huile d'olive
2 pincées de noix de muscade râpée
1/2 cuillerée à café de cumin
1/4 de cuillerée à café de paprika
1 cuillerée à café de fleur de sel
Poivre du moulin

VIN

Cassis blanc (9°)

• Laissez décongeler les filets de rouget 24 heures dans le réfrigérateur ou quelques minutes au micro-ondes. Séchez-les et farinez-les légèrement. Faites chauffer 1 cuillerée à soupe d'huile d'olive dans une grande poêle et faites-y cuire les filets de rouget côté peau 1 minute à feu vif. Réservez-les côté peau vers le haut dans un grand plat creux.

• Dans la poêle, mettez le reste des ingrédients et laissez fondre 10 minutes à feu doux. Versez le mélange bien chaud sur les filets et laissez refroidir. Couvrez et entreposez 24 heures au frais. Servez à température ambiante avec des tranches de ciabatta grillées.

CONSEIL > Vous pouvez remplacer le jus concentré par du jus d'orange traditionnel (comptez 1/2 verre) ou encore du vinaigre de vin, comme le veut la recette d'origine.

Thon confit aux poivrons

POUR 4 PERSONNES | **PRÉPARATION :** 15 MINUTES | **CUISSON :** 3 H 30

SURGELÉ

4 pavés de thon d'environ 180 g
Une vingtaine d'oignons grelots

ÉPICERIE

400 g de poivrons en conserve
25 cl d'huile d'olive
1 cuillerée à soupe de gros sel
1 cuillerée à soupe de poivre concassé
1/2 cuillerée à café de thym séché
Noix de muscade
3 clous de girofle
1 pincée de piment ou quelques gouttes de Tabasco

VIN

Côtes-de-provence rosé (11°)

• Placez le thon dans une cocotte, ajoutez les aromates, le thym, la muscade et les clous de girofle, le sel et le poivre. Couvrez d'huile à affleurement. Portez à frémissement et faites cuire à feu très doux 2 heures à couvert.

• Ajoutez les oignons et laissez cuire encore 1 heure 30. Trente minutes avant la fin de la cuisson, ajoutez les poivrons égouttés – et pelés si vous en avez eu le courage... Égouttez soigneusement et servez chaud ou froid.

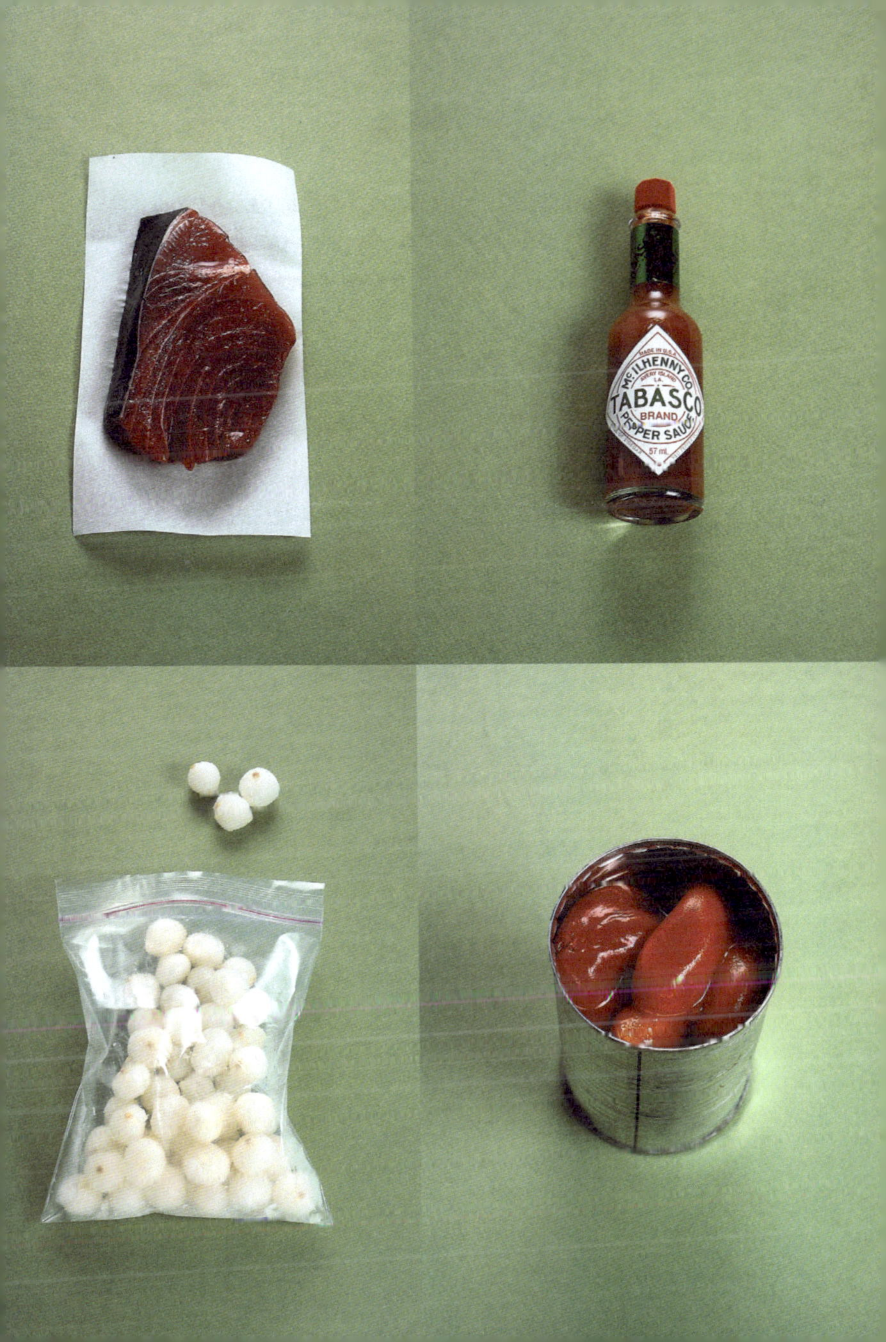
MADE IN U.S.A.
Mc ILHENNY CO.
AVERY ISLAND
LA.
TABASCO
BRAND
57 ml.

Peut-être reussi à le faire craquer avec mon poulet au carambar ...

Pour que « fusion » ne devienne pas « confusion »

Dernière tendance née à l'aube des années 1990 : la *world food* ou *fusion food*. Sorte de zapping culinaire qui tend à rapprocher des éléments antinomiques au sein d'un même plat. Surenchère de saveurs mêlées, de produits inédits, de cuissons prises à rebrousse-poil, cette cuisine de l'intégration peut donner le meilleur quand elle respecte la loi des harmonies (on a aimé le chocolat au fromage de Jean-Paul Hévin ou le foie gras au cacao amer de Hédiard...), et, le pire, quand les chefs font de cette mixité une fin en soi. Faire nouveau, surprendre ne suffit pas pour faire bon, et pour que *fusion* ne devienne pas confusion, je m'impose de ne jamais dépasser deux ou trois saveurs phares. Étant amenée à visiter nombre de restaurants, je consigne scrupuleusement dans mon « carnet de correspondance alimentaire » tout rapprochement de saveurs jugé intéressant.
Si, comme moi, vous voulez jouer les apprentis sorciers sans pour autant écluser les restaurants, n'hésitez pas à vous inspirer des intitulés de plats énumérés dans les guides gastronomiques.

MES FÉTICHES

Nouilles de riz

Choisissez leur calibre en fonction de leur utilisation : fines pour les salades, plus larges et plus épaisses si vous les faites sauter à la poêle. Il suffit de les ramollir en les couvrant d'eau bouillante. Relisez les indications de l'emballage et retirez 1/3 du temps indiqué pour qu'elles gardent leur croquant.

Sauce de soja japonaise

Bien moins salée et plus parfumée que la sauce chinoise. Si vous n'en trouvez pas au supermarché, n'hésitez pas à demander au petit sushi-bar du coin de vous en vendre une bouteille.

Haddock

Une fois fumé, l'églefin prend le nom de « haddock ». Je le choisis parfois surgelé car je suis sûre d'en avoir toujours sous la main, sans compter que sa chair, très serrée, le rend parfaitement adapté à la congélation. Pour le cuire, il suffit de le pocher encore surgelé dans le lait pour le dessaler et lui donner du moelleux.

Sauce curry Korma

Le curry étant un mélange d'épices préparé le plus souvent à la maison, il existe autant de currys que de cuisinières en Asie. N'étant équipée ni de la pierre sur laquelle sont moulues les épices, ni du courage indispensable à cette opération, j'ai depuis longtemps opté pour les pâtes de curry toutes prêtes. Et en la matière, les Anglais nous battent d'une bonne tête : merci, sir Patak's ! Dans la gamme, j'ai un faible pour le Korma légèrement sucré et enrichi en crème, qui s'accommode aussi bien de viande, de poisson ou de légumes.

Coriandre et gingembre surgelés

Je reconnais que la coriandre surgelée ne remplace pas les feuilles fraîches ; mais lorsque l'on improvise une salade thaïe, aurait-on le courage de ne pas la saupoudrer de coriandre surgelée (juste avant de passer à table pour que les feuilles soient encore givrées et ne fassent pas des paquets) ? Quant au gingembre pelé, haché et surgelé, pour pouvoir être utilisé à n'importe quel moment... imaginez l'économie d'efforts. Attention ! il est coupé un peu gros et, s'il n'est pas destiné à être mijoté, prévoyez de le recouper pour qu'il ne déséquilibre pas votre plat.

Ananas surgelé

Une découverte récente. Les rondelles d'ananas au sirop étaient déjà l'un des fétiches de ma petite cuisine sucrée ou salée. En version surgelée, l'ananas est nature, coupé en gros dés – ce qui préserve son côté juteux et lui permet d'exploser en bouche comme le frais. Pour être sûre qu'il ne ramollisse pas, je ne le fais pas décongeler avant cuisson.

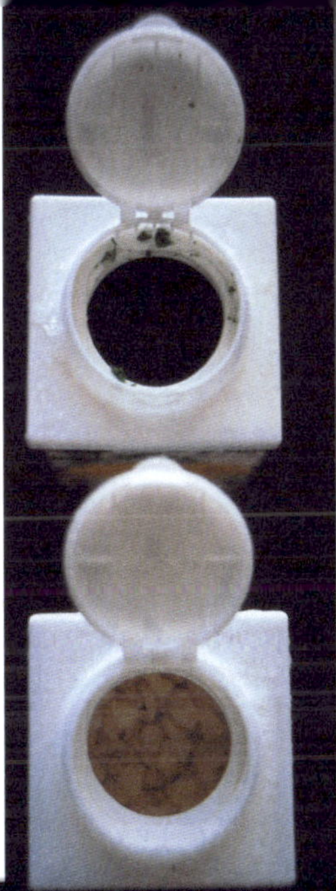

PATAK'S

Lassi zen

POUR 4 VERRES I **PRÉPARATION :** 5 MINUTES

FRAIS

6 bouteilles d'Actimel® à 0 %
3 cuillerées à soupe de jus de citron vert

ÉPICERIE

2 cuillerées à soupe d'eau de fleur d'oranger
Eau minérale

Versez le jus de citron et l'eau de fleur d'oranger dans une carafe. Ajoutez-y les Actimel® puis remplissez les bouteilles vides d'eau minérale très fraîche, secouez et versez dans la carafe. Servez tout de suite ou laissez reposer au frais.

VARIANTE > Remplacez l'eau de fleur d'oranger par de l'eau de rose.

Galettes de quinoa aux champignons

POUR 4 PERSONNES | **PRÉPARATION :** 10 MINUTES | **CUISSON :** 20 À 25 MINUTES

FRAIS

40 g de fromage râpé fondant (cheddar, emmental, chaumes, tomme)

SURGELÉ

1 cuillère à café de ciboulette ciselée

ÉPICERIE

100 g de quinoa
1 grosse cuillère à soupe de Sojasun® cuisine
1 cuillerée à soupe de champignons shiitakes séchés (ou champignons sauvages séchés)
3 cuillerées à soupe d'huile d'arachide
Sel, poivre

VIN

Saint-pourçain rosé (11°)

• Concassez grossièrement les champignons entre les doigts ou dans un mortier. Mesurez 100 g de quinoa dans un verre et portez à ébullition 2 fois ce volume d'eau salée dans une petite casserole. Dès l'ébullition, versez le quinoa et les champignons et remuez. Laissez mijoter 10 à 15 minutes environ, à feu doux, à couvert, jusqu'à ce que l'eau soit absorbée. Ajoutez le Sojasun®, le fromage râpé et la ciboulette. Salez et poivrez.

• Façonnez 4 galettes et passez-les dans les grains de quinoa crus pour les paner. Faites chauffer l'huile d'arachide dans une poêle antiadhésive puis faites-y dorer les galettes 3 minutes de chaque côté. Servez bien chaud.

CONSEIL > Pour une recette plus « terroir », remplacez le fromage râpé par du roquefort émietté ou du camembert sans croûte et écrasé, et les shiitakes par des cèpes séchés.

Galettes de blé au curry

POUR 6 PERSONNES I **PRÉPARATION :** 5 MINUTES I **CUISSON :** 10 MINUTES

FRAIS
200 g d'Ebly® déjà cuit (ferme)
1 gros œuf
50 g de fromage râpé

ÉPICERIE
2 cuillerées à soupe de sauce Patak's Korma®
1 cuillerée à soupe de câpres au vinaigre égouttées
3 cuillerées à soupe d'huile d'arachide
Poivre

VIN
Riesling (10°)

Battez l'œuf, ajoutez l'Ebly®, le Korma®, les câpres, le fromage et poivrez légèrement. Faites chauffer l'huile dans une grande poêle à feu assez vif. Déposez des petits tas de la préparation à l'Ebly® et étalez-les (c'est le secret de la réussite de ces galettes car tous les grains doivent être en contact avec la poêle). Laissez cuire environ 2 minutes de chaque côté jusqu'à ce que les galettes soient bien dorées. Servez bien chaud sur des feuilles de cœurs de laitue ou en accompagnement d'un curry.

FÉTICHE > Les grains joufflus et gourmands de l'Ebly® sont produits à partir d'un blé dur entier. Aussi digeste que le riz blanc, ce nouveau féculent est riche en fibres et en nutriments comme le riz complet, mais exempt de ce petit goût de terre qui peut déplaire à certains. Il plaît beaucoup aux enfants et s'accommode de toutes les préparations : nature, sauté avec des légumes au soja, froid façon salade de riz diététique, croustillant en galettes... Pratique, il existe des sachets à mettre au four à micro-ondes qui assurent une cuisson parfaite en 2 minutes et sans aucun ustensile !

VARIANTE > Si vous n'appréciez pas l'acidité des câpres, remplacez-les par des raisins secs ou des pistaches.

Dip de haddock aux herbes

POUR 4 PERSONNES | **PRÉPARATION :** 10 MINUTES

FRAIS

150 g de fromage frais (type Saint-Moret, brousse ou saint-florentin)
Le jus de 1/2 citron

SURGELÉ

150 g de filets de haddock (ou frais)
1 cuillerée à café d'ail haché
1 cuillerée à soupe de ciboulette ciselée
1 cuillerée à soupe de persil haché

ÉPICERIE

Poivre

VIN

Rosé de Loire (10°)

• Faites décongeler les filets de haddock 2 heures dans un mélange d'eau et de lait avant d'en retirer la peau avec un couteau à lame fine (inutile de faire tremper le haddock s'il est frais). Hachez la chair au couteau puis écrasez-la à la fourchette.

• Battez le fromage avec l'ail, le jus de citron et les herbes, ajoutez un peu de poivre. Incorporez le haddock et laissez reposer au frais jusqu'au moment de servir.

• Servez avec des petits toasts de baguette ou des tempuras de légumes.

ASTUCE > Le haddock étant naturellement salé, il n'est donc pas nécessaire d'ajouter du sel dans cette recette.

CONSEIL > Pour gagner du temps, mettez tous les ingrédients dans le bol du mixeur.

J.C. DAVID
FILET de HADDOCK
Fumé à l'Ancienne

APPUYEZ ET TIREZ
Ciboulette
COUPÉE
Code article : 1270

Soupe de carottes au haddock et au gingembre

POUR 4 À 6 PERSONNES I **PRÉPARATION :** 10 MINUTES I **CUISSON :** 35 MINUTES

SURGELÉ

500 g de carottes en rondelles
50 g d'oignons hachés
1 cuillerée à soupe de gingembre haché
2 cuillerées à soupe de coriandre hachée
150 g de haddock (ou frais)

ÉPICERIE

2 cuillerées à soupe d'huile d'olive
2 cuillerées à soupe de jus d'orange
Sel

VIN

Saint-pourçain rosé (11°)

• Laissez le haddock décongeler dans un mélange d'eau et de lait. Faites fondre les oignons dans l'huile chaude. Ajoutez le gingembre, le jus d'orange, remuez puis ajoutez les carottes. Laissez blondir 3 minutes. Ajoutez 75 cl d'eau froide, salez, couvrez et laissez cuire 15 minutes à petits bouillons. Retirez partiellement le couvercle et laissez cuire 20 minutes de plus.

• Détaillez le haddock en fines lanières et disposez-le dans les assiettes.

• Mixez la soupe, rectifiez l'assaisonnement, ajoutez un peu d'eau si nécessaire et versez dans les assiettes. Décorez avec la coriandre.

CONSEIL > Ajoutez plus ou moins d'eau selon la consistance désirée.

100% FRUITS
Fruité
ORANGE
SANS SUCRE

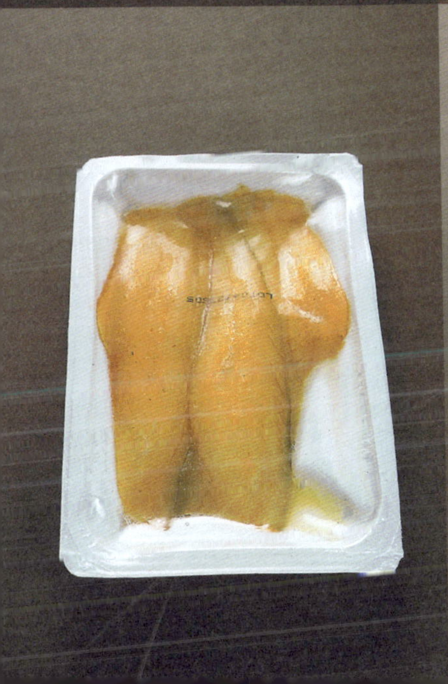

75g e
Poids net :
50g e
Coriandre
PICARD

Salade de poulet aux herbes et à la citronnelle

POUR 4 PERSONNES | **PRÉPARATION :** 10 MINUTES | **CUISSON :** 5 MINUTES

FRAIS
600 g de blancs de poulet
2 cuillerées à soupe de jus de citron vert
2 petits oignons nouveaux avec les tiges
2 tiges de citronnelle fraîche très finement émincées

SURGELÉ
100 g d'échalotes hachées
3 cuillerées à soupe de menthe hachée
4 cuillerées à soupe de coriandre hachée

ÉPICERIE
2 cuillerées à soupe de riz thaï
1 pointe de couteau de piment séché et broyé (chili ou cayenne)
2 cuillerées à soupe de sauce de poisson (nuoc-mâm)
2 cuillerées à soupe de cacahuètes concassées

VIN
Chinon (15°)

• Coupez le poulet en tout petits dés. Lavez les oignons, retirez-en les feuilles épaisses ou flétries. Émincez-les ainsi qu'une bonne partie de leurs tiges vertes.

• Dans une poêle sèche, faites dorer le riz cru en remuant souvent. Pendant ce temps, portez à ébullition 10 cl d'eau dans une casserole et versez-y le poulet haché. Remuez sans cesse pendant 5 minutes, le temps que la viande soit cuite. Égouttez et versez dans un saladier. Incorporez l'échalote, la citronnelle, l'oignon, le jus de citron, la sauce de poisson, le piment, la coriandre et mélangez soigneusement.

• Concassez le riz grillé dans un mortier ou au hachoir électrique jusqu'à obtention d'une poudre grossière et ajoutez-la dans la salade ainsi que la menthe. Mélangez à nouveau. Saupoudrez de cacahuètes concassées avant de servir tiède dans des feuilles de chou pommé ou des ramequins en feuilles de bananier.

VARIANTE > Remplacez le poulet par du bœuf, du porc ou du canard.

Salade biryani de fruits et légumes

POUR 4 PERSONNES I **PRÉPARATION :** 15 MINUTES

FRAIS

1 sachet de 300 g de légumes vapeur assaisonnés Knorr®

SURGELÉ

150 g de riz basmati déjà cuit
100 g de salade de fruits exotiques
1 cuillerée à soupe d'aneth ciselée

ÉPICERIE

2 cuillerées à soupe de sauce curry Patak's Korma®
50 g de pistaches mondées non salées

VIN

Pinot klevner (10°)

Placez la salade de fruits dans un récipient et faites décongeler 2 heures à température ambiante ou 4 minutes au micro-ondes. Jetez le jus et réservez les fruits. Coupez les cubes de fruits en deux. Passez le riz sous un filet d'eau pendant 2 minutes pour le dégeler et mélangez-le aux fruits. Faites chauffer le sachet de légumes 5 minutes à 700 W au micro-ondes et versez-le dans le riz. Ajoutez la sauce curry, l'aneth et les pistaches, mélangez bien et laissez reposer au frais avant de servir.

CONSEIL > Remplacez la salade de fruits par un mélange d'ananas, de pommes et de bananes coupés en dés. Je vous déconseille les fruits en conserve, ils sont trop sucrés et trop mous.

Salade de vermicelles aux crevettes

POUR 4 PERSONNES | **PRÉPARATION :** 10 MINUTES | **CUISSON :** 7 MINUTES ENVIRON

SURGELÉ

200 g de crevettes crues décortiquées
150 g de légumes nature en bol vapeur (pois croquants, pois gourmands...) Picard
3 cuillerées à soupe d'échalotes hachées
1 cuillerée à soupe de gingembre haché
1 cuillerée à soupe d'ail haché
1/2 boîte de coriandre hachée
1/2 boîte de menthe hachée

ÉPICERIE

100 g de vermicelles de riz ou de soja
2 cuillerées à soupe de cacahuètes grillées concassées

Pour la sauce
2 cuillerées à soupe de sauce de poisson (nuoc-mâm)
2 cuillerées à soupe de jus de citron vert (prépressé)
1 cuillerée à soupe d'huile de sésame
Sauce au piment ou piment en poudre

VIN

Muscadet de Sèvres et Maine (8°)

• Mélangez les ingrédients de la sauce et versez-en 2 cuillerées à soupe sur les crevettes. Laissez-les décongeler 5 heures au réfrigérateur ou 2 minutes au micro-ondes en position « décongélation ».

• Ajoutez l'ail et le gingembre aux crevettes et faites cuire 2 minutes à puissance maximale au micro-ondes. Les crevettes doivent être à peine cuites. Coupez-les en deux dans l'épaisseur.

• Couvrez les vermicelles d'eau bouillante et laissez reposer 3 minutes à couvert. Remuez-les pour les détacher, égouttez-les et rincez-les à l'eau froide. Égouttez-les à fond puis arrosez-les du reste de sauce.

• Faites cuire les légumes 5 minutes au micro-ondes et incorporez-les aux vermicelles ainsi que les crevettes, ajoutez les échalotes, la menthe et la coriandre, remuez et servez bien frais, saupoudré de cacahuètes.

CONSEIL > *Vous pouvez remplacer le nuoc-mâm par de la sauce de soja.*

Poulet aux noix caramélisées

POUR 4 PERSONNES | **PRÉPARATION :** 5 MINUTES | **CUISSON :** 5 MINUTES

SURGELÉ

500 g de blancs de poulet
1 cuillerée à soupe d'ail haché
1 cuillerée à café de gingembre haché

ÉPICERIE

100 g de noix
1 cuillerée à soupe rase de Maïzena®
2 cuillerées à soupe d'huile d'arachide
2 cuillerées à soupe de xérès ou sherry
2 cuillerées à soupe de sauce de soja
1 cuillerée à soupe de sucre roux

VIN

Chinon (15°)

• Laissez décongeler les blancs de poulet et découpez-les en lamelles de 1 cm d'épaisseur, puis saupoudrez-les de Maïzena®. Faites chauffer l'huile d'arachide dans une grande poêle ou un wok. Faites sauter le poulet 1 à 2 minutes à feu vif et retirez-le à l'écumoire. Réservez.

• Remplacez le poulet par les noix, ajoutez l'ail et le gingembre et laissez cuire 2 minutes en remuant. Versez la sauce de soja, le xérès et le sucre et laissez caraméliser quelques instants. Ajoutez le poulet, remuez 1 minute et servez avec des brocolis vapeur et du riz basmati.

Brochettes de canard laqué à l'ananas

POUR 6 PERSONNES | **PRÉPARATION :** 5 MINUTES | **CUISSON :** 10 MINUTES

FRAIS
3 magrets de canard
50 g de beurre

SURGELÉ
1 sachet de cubes d'ananas

ÉPICERIE
3 cuillerées à soupe de miel
3 cuillerées à soupe de sauce de soja
1 cuillerée à café de thym
Sel, poivre mignonnette

VIN
Rosé de Loire (10°)

• Si vous utilisez des magrets surgelés, faites-les décongeler en suivant les instructions indiquées sur l'emballage. Retirez la moitié de la graisse dans l'épaisseur avec un couteau aiguisé. Entaillez la peau des magrets profondément (mais pas jusqu'à la chair) pour éviter qu'ils se rétractent et faites-les cuire 5 minutes côté peau dans une sauteuse à feu vif.

• Coupez-les en deux dans la longueur puis chaque moitié en gros dés. Glissez-les sur des brochettes en alternant cubes d'ananas encore surgelés et dés de canard. Poursuivez la cuisson dans une poêle, 5 minutes à feu moyen. Salez et gardez-les au chaud dans du papier d'aluminium.

• Déglacez la poêle avec la sauce de soja, puis ajoutez le miel, le thym et 1 cuillerée à café de poivre mignonnette. Laissez épaissir quelques instants. Déposez les brochettes dans la poêle et nappez-les de sauce. Servez bien chaud.

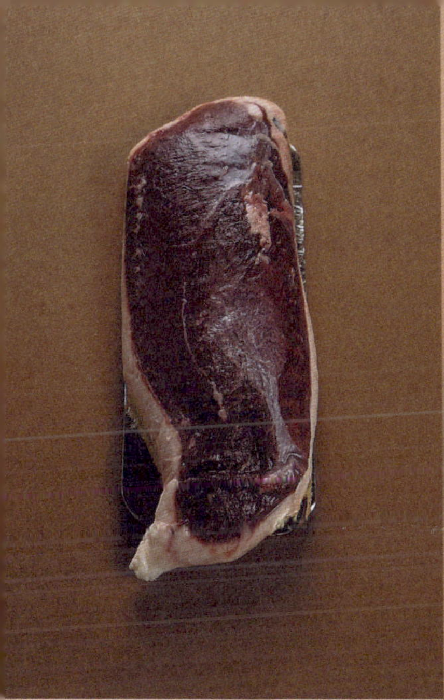

POIDS NET
500g

Nouilles chinoises au canard et à la confiture d'oignons

POUR 4 PERSONNES | **PRÉPARATION :** 10 MINUTES | **CUISSON :** 5 MINUTES ENVIRON

SURGELÉ

1 cuillerée à soupe d'ail haché

ÉPICERIE

250 g de nouilles chinoises sèches plates
2 cuisses de canard confites en conserve
3 cuillerées à soupe de confiture d'oignons
3 cuillerées à soupe de sauce de soja
1 cuillerée à soupe de vinaigre de riz ou de vinaigre de sherry
2 cuillerées à soupe de graines de sésame
Sauce chili

VIN

Marsannay rosé (11°)

• Retirez la peau du confit et effeuillez la chair.

• Portez à ébullition une grande casserole d'eau. Coupez le feu puis plongez-y les nouilles et laissez-les gonfler 3 à 4 minutes.

• Pendant ce temps, faites chauffer 1 cuillerée à soupe de graisse de confit dans une grande poêle ou dans un wok. Jetez-y les graines de sésame et l'ail. Faites colorer 30 secondes sans cesser de remuer. Ajoutez la confiture d'oignons, le chili, le vinaigre de riz et la sauce de soja. Laissez caraméliser 20 secondes. Ajoutez aussitôt les nouilles bien égouttées, remuez le tout puis répartissez le canard effeuillé. Laissez chauffer encore 2 minutes. Servez bien chaud.

Crevettes au fromage comme en Malaisie

POUR 2 PERSONNES | **PRÉPARATION :** 10 MINUTES | **CUISSON :** 3 MINUTES

FRAIS

15 cl de crème liquide à 15 %
3 tranches de Toastinettes au cheddar
25 g de beurre

SURGELÉ

12 grosses crevettes crues décortiquées
3 cuillerées à soupe d'oignons hachés
1 cuillerée à café d'ail haché

ÉPICERIE

1/2 cuillerée à café d'huile de sésame
1 cuillerée à café de sauce d'huîtres
1 cuillerée à café de sauce de soja
3 cuillerées à soupe de Maïzena®
1 bain d'huile de friture
1 cuillerée à café de sucre
1 cuillerée à café rase de poivre blanc moulu
Sel

VIN

Muscadet de Sèvres et Maine (8°)

• Laissez décongeler les crevettes quelques minutes au micro-ondes ou une nuit au réfrigérateur. Mélangez-les avec la sauce d'huîtres, la sauce de soja et la Maïzena®. Faites-les frire 20 à 30 secondes dans l'huile chaude.

• Dans une autre poêle, faites fondre les oignons dans le beurre, ajoutez l'ail et faites revenir 5 minutes à feu moyen. Ajoutez le sucre, le sel, le poivre blanc, l'huile de sésame, le fromage et la crème liquide. Remuez jusqu'à ce que la sauce soit homogène. Incorporez les crevettes frites et laissez chauffer 2 minutes en remuant souvent.

• Servez sur un plat décoré de lamelles fines de concombre, accompagné de riz.

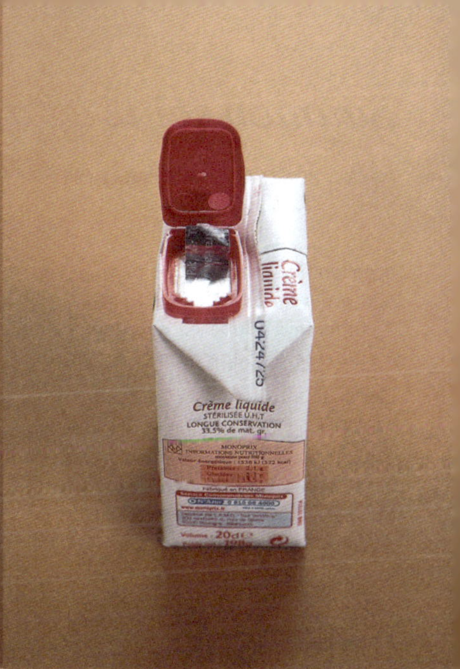
Crème liquide
04:24/25
Crème liquide
STÉRILISÉE U.H.T
LONGUE CONSERVATION
33.5% de mat. gr.
MONOPRIX
INFORMATIONS NUTRITIONNELLES
Fabriqué en FRANCE
Volume : 20cl

OPEN
OUVRIR
OPEN

Saumon sauté à l'ananas

POUR 4 PERSONNES I **PRÉPARATION :** 5 MINUTES I **CUISSON :** 10 MINUTES

SURGELÉ

4 pavés de saumon sans peau
400 g d'ananas en dés
1 cuillerée à soupe de gingembre haché
1 cuillerée à soupe de menthe hachée

ÉPICERIE

3 cuillerées à soupe de sauce de soja
1 cuillerée à soupe de graines de sésame noires
2 cuillerées à soupe d'huile d'arachide
Poivre

VIN

Riesling (10°)

Faites chauffer l'huile d'arachide dans une grande poêle. Déposez les pavés de saumon encore surgelés et faites-les cuire 1 minute de chaque côté à feu vif. Coupez-les en 4 gros dés quand ils sont décongelés, remettez-les dans la poêle, ajoutez l'ananas et le gingembre et faites sauter le mélange encore 5 minutes. Versez la sauce de soja, saupoudrez de graines de sésame, poivrez et retirez du feu dès que la sauce commence à caraméliser. Servez sans attendre, saupoudré de menthe.

SUGGESTION > Vous pouvez accompagner ce plat de riz basmati. Remplacez le sésame noir par du blanc.

Qu'est-ce que j'ouvre pour le patron ce soir !

Utile quand on invite son patron à dîner

Les recettes « spécial patron » ne sont pas circonscrites à ce personnage parfois redouté. L'excellence et le formalisme qu'elles imposent sont parfaits pour démontrer aux personnages sérieux de votre entourage votre attachement à la tradition : utiles quand on reçoit sa belle-maman, quand on veut amadouer ses voisins, voire lorsqu'il s'agit de souligner à votre fiancé(e) qu'il est temps de passer à la vitesse supérieure. Et là, tous les moyens sont bons... même les plus inavouables : champignons desséchés, marrons en bocal, bœuf bourguignon en boîte (si, si).
Pas d'interdits ! Les menus du boss acceptent les artifices car ils proposent une cuisine naturellement « cuisinée », transformée, à l'opposé de la cuisine d'assemblage des menus glacière. Quand viennent les compliments, ne donnez jamais vos sources et jouez la modestie : « J'ai voulu faire très simple, j'ai fait un petit marché de saison. » Ça marche à tous les coups.

MES FÉTICHES

Cèpes secs

Comme la plupart des produits secs, les cèpes séchés sont plus concentrés en saveur que dans leur version fraîche. Bien sûr, leur texture n'est pas comparable et c'est pourquoi je ne les utilise pas comme substituts mais plutôt en guise de condiments, d'aromates. Si vous n'avez pas le temps de les faire gonfler dans l'eau, mixez-les, passez-les au tamis pour ôter le sable et saupoudrez-les sur vos plats ou incorporez-les à vos panures.

Ravioles

Qui peut encore ignorer l'existence de ces petits raviolis de fromage dont le Dauphiné a bien raison de s'enorgueillir ? La plupart des restaurants « tendance » affichent à leur carte des ravioles à la crème, qu'ils agrémentent parfois (belle créativité !) de ciboulette. C'est oublier qu'ils peuvent se prêter à bien des créations : froids en salade avec un émincé de chou et quelques lamelles de jambon, sautés à l'huile d'olive à l'apéro ou pochés dans un bouillon parfumé. À garder au congélateur pour grignotage chic.

Marrons en conserve

Qui s'impose encore la fastidieuse opération d'épluchage des marrons (pardon, des châtaignes, les marrons n'étant pas comestibles) ? Je les choisis en bocal ou surgelés, car j'ai constaté qu'ils restaient plus fermes que lorsqu'ils étaient conditionnés en boîte. La timidité de leur parfum appelle les condiments : sauge ou branches de fenouil dans leur lait de cuisson, muscade ou cannelle pour réveiller la purée ou poudre de fond de veau dans leur beurre de cuisson.

Bœuf bourguignon en boîte

À dissimuler impérativement. Sinon, votre réputation risque d'en pâtir gravement ! Pourtant, cette viande longuement mijotée au vin rouge est bien utile pour improviser une bolognaise minute, farcir quelques petits légumes ou préparer de délicieuses boulettes crousti-fondantes. Au supermarché, ne faites pas votre choix au hasard et décryptez les étiquettes : sans pommes de terre pour les sauces et avec pour les boulettes – paradoxalement, c'est plus léger.

Oignons émincés surgelés

N'attendez pas que je vous donne l'absolution en vous disant qu'ils valent des oignons fraîchement émincés. Assurément non. La surgélation leur fait perdre de leur fermeté et diminue leur saveur acidulée. Toutefois, pour les plats mijotés et autres confits, ils font sacrément bien l'affaire. Sans compter l'économie de larmes ! Pour en tirer le meilleur parti, parfumez-les en leur ajoutant des épices, des herbes (au dernier moment), des champignons secs en poudre et autres condiments de poids. Pour les cuissons courtes, préférez les oignons en cubes aux émincés.

Asperges blanches en bocal

À choisir, je préfère les blanches aux vertes car leur texture, naturellement plus souple, supporte mieux la mise en conserve. Pour achever de vous convaincre, sachez que la mise en conserve n'enlève presque pas de vitamines aux légumes. En revanche, pour pallier le manque de croquant, je choisis de les mixer ou de les concasser pour en faire la base de sauces, de veloutés ou de clafoutis, plutôt que de les servir telles quelles.

Rillettes de canard aux cèpes

POUR 6 PERSONNES | **CUISSON :** 2 HEURES 15 MINUTES | **REFROIDISSEMENT :** 24 HEURES

FRAIS

4 magrets de canard
200 g de lardons fumés

ÉPICERIE

80 g de cèpes séchés
1 cuillerée à café de romarin séché
4 brins de thym
2 feuilles de laurier
Sel, poivre

VIN

Beaujolais (14°)

Déposez les magrets (côté peau sur le fond) et les lardons dans une cocotte à fond épais, ajoutez les herbes et le laurier puis couvrez d'eau. Salez, poivrez et portez à ébullition. Laissez mijoter à feu doux pendant 1 heure 30. Retirez les magrets, ôtez leur peau puis coupez grossièrement la chair, remettez les morceaux dans la cocotte, ajoutez les cèpes juste passés sous un filet d'eau froide et laissez réduire jusqu'à dessèchement à feu doux. Comptez environ 45 minutes. Hachez au couteau ou au hachoir. Rectifiez l'assaisonnement et laissez refroidir dans une terrine. Placez au frais au moins 1 journée. Servez avec du pain de campagne grillé.

PRATIQUE > Ces rillettes sont beaucoup moins grasses que des rillettes traditionnelles. Elles ne peuvent donc pas se conserver plus de 4 jours au frais.

Flans d'asperges au parmesan

POUR 6 PERSONNES | **PRÉPARATION** : 10 MINUTES | **CUISSON** : 45 MINUTES

FRAIS

20 cl de crème légère
40 g de parmesan râpé
3 œufs
Beurre pour les ramequins

SURGELÉ

1 cuillerée à soupe de ciboulette ciselée

ÉPICERIE

400 g d'asperges blanches en bocal (poids égoutté)
Sel, poivre

VIN

Arbois blanc (11°)

• Préchauffez le four à 150 °C (thermostat 5). Égouttez et rincez les asperges. Coupez les pointes et réservez-les pour la décoration. Mixez le reste avec la crème, ajoutez le parmesan, les œufs battus. Salez peu, poivrez puis incorporez la ciboulette.

• Versez dans des ramequins beurrés et enfournez 45 minutes au bain-marie. Démoulez et servez tiède ou froid entouré des pointes d'asperges.

SUGGESTION > Si vous servez froid, laissez refroidir dans le bain-marie et entreposez au réfrigérateur avant de servir, accompagné d'une crème d'oursin tiède (disponible chez Picard).

CONSEIL > Si vous utilisez des asperges fraîches ou surgelées, faites-les cuire 8 minutes à l'eau bouillante.

Tarte feuilletée aux girolles, aux asperges et à la fourme d'Ambert

POUR 4 À 6 PERSONNES | **PRÉPARATION** : 5 MINUTES | **CUISSON** : 30 MINUTES

FRAIS

1 rouleau de pâte feuilletée
100 g de fourme d'Ambert
1 jaune d'œuf

SURGELÉ

2 cuillerées à soupe d'échalotes hachées

ÉPICERIE

300 g de girolles en bocal
300 g d'asperges en bocal
2 cuillerées à soupe d'huile d'olive
Sel, poivre

VIN

Arbois blanc (11°)

• Préchauffez le four à 220 °C (thermostat 7/8).

• Coupez les asperges en tronçons de 2 cm de long. Faites sauter les girolles égouttées 5 minutes environ à feu vif dans l'huile d'olive. Ajoutez les échalotes. Laissez cuire encore 2 minutes. Salez, poivrez et retirez du feu.

• Déroulez la pâte sur son papier de cuisson. Répartissez dessus les légumes sautés et parsemez d'éclats de fourme d'Ambert. Repliez légèrement les bords sur la garniture et badigeonnez-les de jaune d'œuf. Enfournez sur la plaque bien chaude et laissez cuire 20 minutes. Servez chaud ou tiède.

Quiche soufflée aux petits pois et à la ricotta

POUR 6 PERSONNES | **PRÉPARATION** : 10 MINUTES | **CUISSON** : 25 MINUTES

FRAIS
1 rouleau de pâte feuilletée
150 g de ricotta
50 g de parmesan râpé

SURGELÉ
150 g de petits pois

ÉPICERIE
1 sachet de préparation pour soufflé
1 cuillerée à café de menthe séchée
Sel, poivre

VIN
Juliénas (14°)

• Préchauffez le four à 180 °C (thermostat 6). Fouettez le sachet de préparation pour soufflé avec 20 cl d'eau pendant 2 minutes. Ajoutez la ricotta émiettée, les petits pois, la menthe et la moitié du parmesan râpé. Salez et poivrez.

• Déroulez la pâte sur son papier de cuisson et placez-la dans un moule à manqué. Versez la garniture aux petits pois et à la ricotta sur la pâte. Saupoudrez le dessus du reste de parmesan. Enfournez et laissez cuire 25 minutes. Servez tiède ou froid.

Petites charlottes de chèvre frais aux asperges

POUR 4 PERSONNES I **PRÉPARATION** : 15 MINUTES I **CONGÉLATION** : 1 HEURE

FRAIS

200 g de chèvre frais
4 cuillerées à soupe de crème liquide

SURGELÉ

1 cuillerée à soupe de ciboulette ciselée
1 cuillerée à soupe de coriandre hachée

ÉPICERIE

2 bocaux d'asperges au naturel
1 cuillerée à soupe d'huile de noix
2 cuillerées à soupe d'huile d'olive
Sel, poivre

VIN

Arbois blanc (11°)

• Égouttez les asperges. Coupez les tiges de façon qu'elles correspondent à la hauteur de vos moules (petits moules à muffins ou ramequins à bords hauts).

• Dans un saladier, travaillez ensemble le fromage, la crème, les huiles, les herbes, un peu de sel et de poivre. Hachez grossièrement ce qui reste des tiges des asperges et incorporez-les à la I PRÉPARATION.

• Huilez les moules, disposez les pointes d'asperges tête en bas le long des parois, si possible en les inclinant légèrement pour leur donner un joli mouvement. Garnissez l'intérieur avec le fromage aux herbes, lissez le dessus et placez 1 heure au congélateur (cela facilitera le démoulage). Sortez-les 15 minutes avant de servir. Passez un couteau le long des parois avant de démouler directement sur les assiettes. Accompagnez d'une petite salade à l'huile de noix.

CONSEIL > Ne laissez pas les charlottes plus de 1 heure 30 au congélateur.

PRATIQUE > Cette recette est encore plus facile à réaliser si vous utilisez des moules à muffins souples en silicone.

Vichyssoise de chou-fleur au miel

POUR 6 PERSONNES | **CUISSON** : 20 MINUTES | **RÉFRIGÉRATION** : 2 HEURES

SURGELÉ
300 g de choux-fleurs
200 g de poireaux en rondelles

ÉPICERIE
1 cube de bouillon de volaille
25 cl de lait entier
1 cuillerée à soupe de miel
1 cuillerée à soupe de graines de sésame noir (ou, à défaut, de sésame blanc grillé)
Sel, poivre

VIN
Cabernet de Saumur (10°)

Portez à ébullition 75 cl d'eau avec le cube de bouillon. Plongez-y les légumes et laissez cuire 20 minutes. Mixez le tout, ajoutez le lait petit à petit, en remuant, puis le miel. Rectifiez l'assaisonnement et réservez au frais 2 heures au moins. Saupoudrez de graines de sésame avant de servir bien froid.

FÉTICHE > Tous les légumes ne supportent pas la surgélation avec le même stoïcisme. Ainsi, les asperges, les girolles ou les courgettes ont tendance à se gorger d'eau dès la décongélation. En revanche, les choux-fleurs, romanesco et autres brocolis ne bougent quasiment pas d'une fleurette !

CONSEIL > Vous pouvez remplacer les choux-fleurs surgelés par 350 g de purée de chou-fleur que vous diluerez dans le bouillon pour y faire cuire les poireaux.

Soupe de ravioles aux poireaux caramélisés

POUR 4 PERSONNES | **PRÉPARATION** : 5 MINUTES | **CUISSON** : 10 MINUTES

FRAIS

1 barquette de ravioles du Dauphiné (240 g)
25 g de beurre

SURGELÉ

1 boîte de poireaux (850 g)

ÉPICERIE

30 cl de soupe aux poireaux (bricque ou surgelée)
1 cuillère à soupe de curcuma
1/2 cuillère à café de cannelle
1 morceau de sucre
Sel, poivre

VIN

Arbois blanc (11°)

• Égouttez les poireaux et versez le liquide dans une casserole moyenne. Ajoutez la soupe de poireaux et portez à ébullition.

• Pendant ce temps, faites fondre le beurre dans une poêle. Ajoutez les poireaux grossièrement coupés, le sucre, le curcuma et la cannelle. Salez et poivrez légèrement. Laissez fondre 7 minutes à feu moyen en remuant souvent.

• Lorsque la soupe bout, plongez-y les ravioles et laissez-les cuire 2 minutes dès la reprise de l'ébullition.

• Répartissez les ravioles dans les assiettes à l'aide d'une écumoire, décorez avec des poireaux caramélisés et arrosez de soupe juste avant de servir. Servez éventuellement avec un peu de tomme râpée.

CONSEIL > Vous pouvez remplacer le curcuma par du curry doux.

Lentilles crémeuses aux épices

POUR 4 PERSONNES | **CUISSON** : 45 À 50 MINUTES

FRAIS
10 cl de crème fraîche épaisse

SURGELÉ
150 g d'oignons hachés
1 cuillerée à café d'ail haché

ÉPICERIE
250 g de lentilles vertes du Puy
1 bâton de cannelle
1/2 cuillerée à café de cumin en grains
1/2 cuillerée à café d'anis en grains
1 bouquet garni (thym, laurier)
1 cuillerée à soupe d'huile d'olive
Sel, poivre

VIN
Beaujolais (14°)

• Faites fondre l'ail et les oignons avec les épices dans l'huile d'olive. Incorporez les lentilles et remuez 1 minute. Versez 50 cl d'eau froide, ajoutez le bouquet garni et portez à ébullition.

• Laissez cuire à petits bouillons jusqu'à complète absorption de l'eau (45 minutes environ). Incorporez la crème, portez à ébullition puis retirez du feu. Ôtez le bouquet garni. Salez, poivrez puis servez.

Salade de roquette aux pêches et au parmesan

POUR 4 PERSONNES | **PRÉPARATION** : 20 MINUTES

FRAIS

150 g de roquette en sachet
100 g de parmesan en un morceau

SURGELÉ

1 cuillerée à soupe d'estragon haché

ÉPICERIE

1 petite boîte de pêches au sirop
2 cuillerées à café de vinaigre balsamique
1 cuillerée à soupe de jus de citron
3 cuillerées à soupe d'huile d'olive
1 cuillerée à soupe d'huile de noisette ou, à défaut, de noix
50 g de pignons de pin
Sel, poivre

VIN

Muscat d'Alsace (10°)

• Faites dorer les pignons dans une poêle sèche. Dans un saladier, préparez la vinaigrette en fouettant le vinaigre, le jus de citron et les huiles. Salez, poivrez.

• Égouttez les pêches et coupez-les en fines lamelles. Mélangez la roquette avec la vinaigrette, déposez les pêches sur le dessus, saupoudrez d'estragon, versez les pignons et terminez en ajoutant sur le dessus le fromage découpé en copaux à l'aide d'un économe. Arrosez d'un filet d'huile de noisette, salez et poivrez. Servez sans attendre.

Salade chaude de pois chiches au boudin noir

POUR 6 PERSONNES | **PRÉPARATION** : 5 MINUTES | **CUISSON** : 10 MINUTES

FRAIS
200 g de boudin noir
3 cuillerées à soupe de parmesan râpé

SURGELÉ
100 g d'oignons émincés
30 g de persil haché

ÉPICERIE
400 g de pois chiches en bocal
2 cuillerées à soupe de graines de sésame
1 cuillerée à soupe d'huile d'olive à l'ail (Lesieur)
15 g de pignons
25 g de raisins secs blonds
1/4 à 1/2 cuillerée à café de piment d'Espelette (selon le goût)

VIN
Crémant d'Alsace (10°)

Couvrez d'eau les raisins secs et faites-les gonfler 1 minute au micro-ondes. Égouttez. Faites blondir les oignons et les pignons pendant 5 minutes à feu moyen dans l'huile d'olive à l'ail. Pendant ce temps, hachez grossièrement le boudin. Ajoutez les raisins, le boudin et le piment dans la poêle. Laissez dorer 2 minutes sur feu vif en remuant souvent, ajoutez les pois chiches égouttés et rincés puis le persil. Salez, poivrez, remuez encore 2 minutes sur feu vif et versez dans un saladier.

PRATIQUE > Vous pouvez préparer cette recette avec du boudin noir en boîte que vous émietterez dans la poêle. Si vous n'avez pas d'huile d'olive à l'ail (pourtant bien pratique !), ajoutez une cuillerée à café d'ail haché dans votre huile d'olive.

Salade de châtaignes croquantes aux petits lardons

POUR 4 PERSONNES I **CUISSON** : 15 MINUTES

FRAIS
100 g de lardons fumés

SURGELÉ
500 g de châtaignes
2 cuillerées à soupe d'échalotes hachées
1 cuillerée à soupe de ciboulette ciselée

ÉPICERIE
10 cl de vin blanc
2 cuillerées à soupe d'huile de noix
1 cuillerée à soupe de vinaigre de vin
Sel, poivre

VIN
Buzet (16°)

• Portez à ébullition 50 cl d'eau salée et le vin, versez-y les châtaignes et laissez cuire à couvert jusqu'à évaporation du liquide (10 minutes environ).

• Pendant ce temps, faites rissoler les lardons à sec. Ajoutez les châtaignes et laissez dorer 3 minutes à feu vif.

• Versez le contenu de la poêle dans un saladier, ajoutez les échalotes et la vinaigrette préparée avec l'huile de noix, le vinaigre, du sel et du poivre. Saupoudrez de ciboulette et servez tiède.

VARIANTE > Remplacez les châtaignes par des pommes de terre et ajoutez de la moutarde en grains lors de la cuisson.

Tagliatelles al ragù

POUR 4 PERSONNES I **PRÉPARATION** : 10 MINUTES I **CUISSON** : 15 MINUTES

FRAIS

400 g de tagliatelles fraîches
Parmesan râpé (facultatif)

ÉPICERIE

2 portions de bœuf bourguignon en barquette (Charal)
6 lamelles de tomates séchées à l'huile d'olive
2 cuillerées à soupe d'huile d'olive à l'ail (Lesieur)
1 cuillerée à café d'origan séché
Sel, poivre

VIN

Muscat d'Alsace (10°)

• Hachez grossièrement le bœuf bourguignon au robot. Faites fondre pendant 2 minutes les tomates coupées en lanières et l'origan dans l'huile d'olive. Ajoutez le hachis de bœuf, poivrez légèrement. Laissez mijoter 10 minutes à couvert.

• Faites cuire les pâtes *al dente*, égouttez-les et versez-les dans la sauteuse, mélangez rapidement et servez. Saupoudrez éventuellement de parmesan râpé.

Boulettes bourguignonnes en cœur de laitue

POUR 4 PERSONNES I **PRÉPARATION** : 20 MINUTES I **RÉFRIGÉRATION** : 30 MINUTES I **CUISSON** : 5 MINUTES

FRAIS
1 sachet de cœurs de laitue

SURGELÉ
1 cuillerée à café d'estragon haché

ÉPICERIE
2 boîtes de bœuf bourguignon en conserve de 400 g chacune
200 g de farine
Huile ordinaire
2 cuillerées à soupe d'huile d'olive
1 cuillerée à soupe de vinaigre de xérès
Sel, poivre

VIN
Beaujolais (14°)

• Égouttez le contenu des boîtes de bœuf bourguignon à l'aide d'une passoire au-dessus d'un bol et pressez avec vos doigts. Réservez la sauce. Mettez la viande et les légumes égouttés dans le bol du robot et hachez finement. Mettez ce hachis au frais pendant 30 minutes au moins pour qu'il raffermisse.

• Façonnez des petites boulettes de la taille d'une coquille de noix et passez-les dans la farine. Faites chauffer l'huile dans une grande poêle et faites frire les boulettes 4 à 5 minutes à feu moyen. Égouttez-les sur du papier absorbant.

• Servez au cœur des feuilles de laitue et arrosez d'une vinaigrette tiède faite avec de l'huile d'olive, du vinaigre de xérès, un peu de la sauce du bourguignon, l'estragon, du sel et du poivre.

ASTUCE > Pour cette recette, je préfère le bourguignon aux pommes de terre car cela allège les boulettes. En revanche, pour des sauces comme le ragù (voir recette des tagliatelles al ragù), j'opte pour une I PRÉPARATION sans pommes de terre.

Bœuf-cocotte

POUR 6 PERSONNES I **PRÉPARATION** : 5 MINUTES I **CUISSON** : 3 HEURES

FRAIS

6 pavés de rumsteck de 200 g chacun

SURGELÉ

3 cuillerées à soupe d'ail haché
700 g d'oignons émincés

ÉPICERIE

5 filets d'anchois à l'huile
3 cuillerées à café de câpres
1/2 cuillerée à café de poivre mignonnette (ou de poivre noir concassé par vos soins)
1 cuillerée à café de thym séché
2 clous de girofle
10 cl d'huile d'olive + 2 cuillerées à soupe pour huiler les pavés
10 cl de bon vinaigre de vin rouge
3 cuillerées à café de fleur de sel
3 feuilles de laurier

VIN

Beaujolais (14°)

• Préchauffez le four à 150 °C (thermostat 5). Huilez généreusement les pavés. Dans un saladier, mélangez les oignons, l'ail, les anchois grossièrement hachés, les câpres égouttées, le poivre, le thym, les clous de girofle, l'huile d'olive, le vinaigre et le sel. Dans le fond d'une petite cocotte, versez un tiers du mélange aromatique, déposez les pavés et les feuilles de laurier. Recouvrez du reste du mélange, arrosez avec 10 cl d'eau, couvrez et enfournez 3 heures.

• Servez dans la cocotte, accompagné de pommes de terre sautées, de haricots verts ou de purée de pommes de terre à l'huile d'olive.

VARIANTE > Vous pouvez remplacer les câpres par des olives noires concassées.

PRATIQUE > La cuisson très longue de ce plat permet de le garder sans problème 8 jours au réfrigérateur.

D'ANCHOIS

Carrés d'agneau en croûte de sel au thym

POUR 4 PERSONNES I **PRÉPARATION** : 10 MINUTES I **CUISSON** : 35 MINUTES

FRAIS

3 blancs d'œufs

SURGELÉ

4 petits carrés d'agneau (350 g)

ÉPICERIE

1 kg de gros sel
1 kg de farine
1 cuillerée à soupe de thym séché
Huile d'olive
Poivre

VIN

Juliénas (14°)

• Préchauffez le four à 240 °C (thermostat 8).

• Dans un grand saladier, mélangez la farine, le sel, les blancs d'œufs et le thym. Ajoutez 25 cl d'eau et malaxez jusqu'à obtention d'une pâte souple mais pas ferme.

• Faites dorer les carrés d'agneau encore surgelés sur toutes leurs faces dans 1 cuillerée à soupe d'huile d'olive. Poivrez-les.

• Façonnez 4 boules de pâte de poids égal. Étalez chacune d'elles sur un plan de travail. Posez les carrés sur les disques de pâte et refermez en soudant les bords pour que la viande soit complètement recouverte.

• Posez les carrés dans un plat huilé et enfournez. Laissez cuire 35 minutes. Présentez tel quel à table et laissez chacun casser la croûte.

CONSEIL > *Servez avec des frites taillées gros avec leur peau (surgelées) que vous ferez cuire au four en même temps que la viande.*

Poulet Strogonoff

POUR 4 PERSONNES | **PRÉPARATION** : 5 MINUTES | **CUISSON** : 15 MINUTES

FRAIS
4 escalopes de poulet
30 g de beurre
3 cuillerées à soupe de crème fraîche épaisse

SURGELÉ
200 g d'oignons hachés

ÉPICERIE
1 boîte de champignons de Paris émincés
1 cuillerée à soupe de concentré de tomates
1 cuillerée à soupe de moutarde
10 cl de vin blanc sec
2 cuillerées à café de paprika
1 cuillerée à soupe d'huile ordinaire
Sel, poivre

VIN
Buzet (16°)

• Émincez les escalopes de poulet en lamelles de 1 cm d'épaisseur (vous pouvez aussi utiliser des aiguillettes). Faites fondre les oignons dans une poêle avec le beurre et l'huile pendant 5 minutes à feu doux. Ajoutez les champignons égouttés et laissez cuire 5 minutes à feu moyen. Ajoutez le poulet et faites sauter à feu vif 1 minute.

• Versez le vin et le paprika, mélangez, laissez réduire 1 minute, ajoutez la crème, le concentré de tomates, la moutarde, du sel et du poivre. Mélangez puis retirez du feu. Accompagnez de purée, de frites ou de légumes vapeur.

ASTUCE > La qualité de votre sauce dépend essentiellement de celle du paprika. Choisissez une marque réputée et ne l'achetez pas trop à l'avance car il perd vite son arôme. Personnellement, j'affectionne le paprika fumé que je rapporte d'Espagne.

MUTTI

Lapin aux mirabelles et à la fleur de thym

POUR 6 PERSONNES | **PRÉPARATION** : 10 MINUTES | **CUISSON** : 1 H 30

FRAIS
1 lapin coupé en morceaux

SURGELÉ
400 g de julienne de légumes
500 g d'échalotes hachées
1 cuillerée à soupe d'ail haché
600 g de mirabelles (surgelées ou en bocal)
1 cuillerée à soupe de thym

ÉPICERIE
50 cl de vin blanc doux
1 cube de bouillon de volaille
2 cuillerées à soupe d'huile d'olive
Sel, poivre

VIN
Cahors (17°)

• Dans une cocotte, faites dorer les morceaux de lapin (réservez le foie) dans l'huile d'olive. Salez et poivrez puis réservez. Remplacez-les par les échalotes, l'ail, la julienne de légumes et le thym. Laissez fondre 10 minutes. Ajoutez le lapin, versez le vin et le cube de bouillon dilué dans 50 cl d'eau puis portez doucement à ébullition. Laissez mijoter à feu doux 45 minutes à moitié couvert.

• Retirez les morceaux de lapin de la cocotte et laissez réduire la sauce à feu vif. Au bout de 10 minutes, ajoutez les mirabelles encore surgelées et le foie de lapin dans la sauce. Laissez confire encore 15 minutes à feu doux puis incorporez le lapin. Laissez chauffer quelques minutes et servez accompagné d'une poêlée de légumes.

CONSEIL > Si vous utilisez des mirabelles en bocal, ajoutez-les au dernier moment avec le lapin car elles n'ont pas besoin de cuire.

Maquereaux croustillants à la moutarde

POUR 2 PERSONNES | **PRÉPARATION** : 5 MINUTES | **CUISSON** : 10 MINUTES

FRAIS

20 g de beurre

SURGELÉ

2 filets de maquereau
400 g d'oignons émincés

ÉPICERIE

2 cuillerées à soupe de moutarde aux herbes
2 cuillerées à soupe de vinaigre doux (de cidre ou balsamique)
1 cuillerée à café de sucre en poudre
100 g de semoule de couscous fine
Sel

VIN

Gros plant (9°)

• Laissez décongeler le poisson 5 heures au réfrigérateur ou 1 minute 30 au micro-ondes.

• Dans un plat à gratin allant au micro-ondes, mélangez les oignons avec le sucre, le vinaigre et le beurre. Salez légèrement et faites cuire 6 minutes à 750 W.

• Tartinez les filets de maquereau de moutarde des deux côtés. Déposez-les dans un plat, côté peau vers le haut, et saupoudrez-les de graine de couscous. Entourez-les d'oignons et faites cuire sans couvrir 4 minutes à 750 W. Servez chaud.

Récap :
Ma table sublime,
Mon repas sublime,
Moi, sublime !

Quoi de plus difficile que d'imaginer un repas d'amoureux ?

Quoi de plus difficile que d'imaginer un repas d'amoureux ? Les contraintes s'additionnent. Évitez de cuisiner de grosses pièces (le découpage du gigot, ce sera pour dimanche avec les parents), bannissez les excès d'ail (à moins d'une passion partagée), les poissons à arêtes, les odeurs de friture, les morceaux trop longs à décortiquer (pas très sexy de racler le râble de lapereau sous une abondance de moutarde) et les plats à préparer à la dernière minute (pour ne pas risquer de le planter devant la télé). En revanche, je vous recommande l'usage de baguettes (amusant et délicat), la *finger food* mangée du bout des doigts (très sexy), les plats légers et digestes qui ne plombent pas l'estomac (tartare, carpaccio), les contrastes de textures qui réveillent les papilles, les desserts glacés qui rafraîchissent la bouche et le chocolat qui reste un redoutable stimulant (évitez toutefois les gâteaux trop riches en beurre). Si, avec tout ça, vous n'arrivez pas à le/la garder dans vos filets…

MES FÉTICHES

Bols de petits légumes surgelés Picard

Quelle aubaine que ces petits bols de jeunes légumes nature qu'il suffit de passer 5 minutes au micro-ondes. Rien à faire, pas d'épluchage, pas de plat de cuisson et une très belle qualité de légumes (seuls les pois gourmands sont parfois un peu filandreux). Conseil perso : cuisez-les moins longtemps que le temps indiqué. Et, pour un maximum de croquant, servez-les en salade, juste décongelés.

Betteraves

Honnêtement, rien n'égale la betterave cuite au four par vos soins.
Mais les betteraves crues sont difficiles à trouver et longues à cuisiner. Quand elles ne sont pas l'ingrédient principal de la recette, les betteraves de conserve sont une aubaine pour la cuisinière pressée que je suis. À tout prendre, je préfère les betteraves sous vide ; celles conservées au jus sont plus molles et plus fades.

Coquilles Saint-Jacques

Ah, les Saint-Jacques surgelées ! Accusées de tous les maux : fades, caoutchouteuses... Reste que leur surgélation opérée sur les bateaux juste après la pêche les met à l'abri de toute suspicion. Choisissez-les d'un gros calibre, d'origine française ; prenez soin de les cuire à feu vif pas trop longtemps et elles dévoileront une texture et un parfum qui souffrent peu la critique. À décongeler dans un mélange d'eau et de lait pour qu'elles soient plus moelleuses.

Pavés de thon surgelés

Difficile de faire plus consensuel que le thon. Si votre amoureux surveille sa ligne et sa santé, vantez-lui sa richesse en acides gras essentiels. S'il redoute le poisson, il appréciera sa chair serrée, proche de celle du veau. Enfin, l'absence d'arêtes le rend idéal pour un tête-à-tête. Dans tous les cas, au même titre que les calmars ou le veau, les pavés de thon ne supportent pas la demi-mesure : faites-leur subir une cuisson très brève ou très longue pour qu'ils restent moelleux à tous les coups.

Tagliatelles

Mes pâtes favorites, les plus sensuelles à déguster selon moi. Elles sont tout-terrain et s'accommodent aussi bien d'une sauce onctueuse à la crème que d'une poêlée de fruits de mer. Pour les rendre encore plus élégantes dans une assiette, je les dispose en nids en les enroulant autour d'une fourchette. Et pour ne pas risquer de nous fâcher avec les Italiens : pas d'huile dans l'eau de cuisson et pas de cuillère pour les déguster.

Feuilles de brick

Ces fines feuilles de blé, qui promettent un effeuillage légerissime, sont à manipuler avec précaution. Couvrez-les d'un torchon humide dès que vous ouvrez le paquet pour éviter qu'elles se dessèchent. Détachez-les délicatement les unes des autres pour ne pas risquer de les déchirer. À cuire à la poêle ou au four (n'oubliez pas de les beurrer dans ce cas).

CUISSON VAPEUR uniquement AU MICRO-ONDES
Attention :
Ne pas percer l'opercule
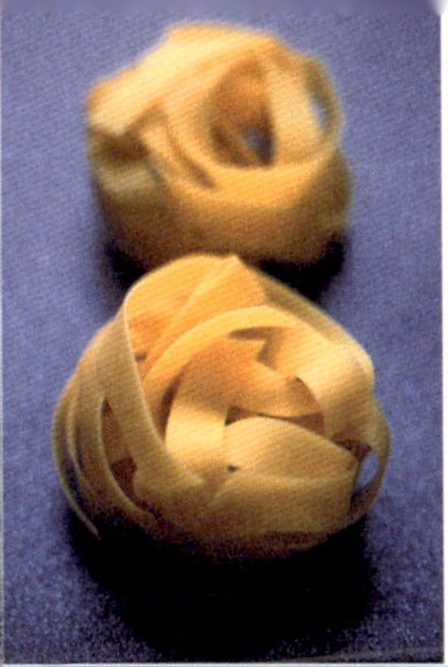
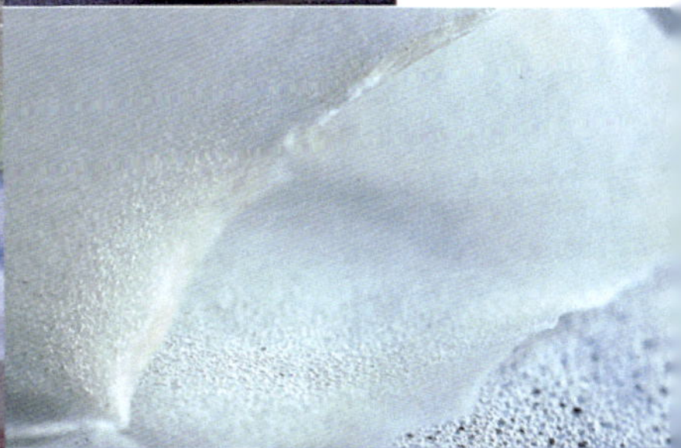

Mes noix salées et caramélisées

POUR 2 PERSONNES | **PRÉPARATION** : 10 MINUTES | **CUISSON** : 10 MINUTES

ÉPICERIE

250 g de cernaux de noix les plus fraîches possible (à acheter en sachet dans les magasins de gros ou les épiceries orientales)
1 cuillerée à soupe de miel liquide
1 cuillerée à soupe de graines de sésame
1 cuillerée à soupe d'huile de maïs ou d'arachide
1/2 cuillerée à café de chili en poudre
1 pointe de cannelle en poudre
1/2 cuillerée à café de fleur de sel

VIN

Sancerre blanc (10°)

• Passez le miel au micro-ondes 3 secondes pour qu'il soit complètement liquide. Préchauffez le four à 210 °C (thermostat 7).

• Dans un grand saladier, mélangez le miel, l'huile, le sésame, les épices et le sel. Ajoutez les noix et mélangez bien. Couvrez la plaque du four de papier sulfurisé et étalez le mélange. Faites rôtir 10 minutes en remuant à mi-cuisson. Retirez du four, saupoudrez de fleur de sel et laissez refroidir complètement. Stockez dans un bocal hermétique ou un Tupperware jusqu'à 1 mois.

CONSEIL > Conservez les noix au réfrigérateur pour éviter qu'elles rancissent.

Pop-corn aux noix de pécan

POUR 2 PERSONNES | **PRÉPARATION** : 5 MINUTES | **CUISSON** : 20 MINUTES

FRAIS

50 g de beurre

ÉPICERIE

80 g de grains de maïs pour pop-corn
100 g de noix de pécan grillées grossièrement hachées
20 cl de sirop d'érable
2 cuillerées à soupe d'huile d'arachide ou de maïs
1 cuillerée à café de piment d'Espelette en poudre
1 cuillerée à café de sel fin

VIN

Sancerre blanc (10°)

• Dans une petite casserole, mélangez le beurre, le sel, le sirop d'érable et laissez cuire sans remuer 15 à 20 minutes sur feu doux jusqu'à ce que le mélange ait bien épaissi.

• Faites chauffer l'huile avec les grains de pop-corn dans une sauteuse ou une grande casserole à fond épais. Couvrez, laissez sur feu moyen et faites cuire en secouant la casserole jusqu'à ce que les grains de maïs soient tous « ouverts ». Retirez du feu.

• Ajoutez les noix de pécan, le piment, mélangez et disposez le tout sur une feuille de papier sulfurisé. Répartissez le sirop réduit sur le pop-corn et mélangez rapidement à l'aide d'une spatule légèrement huilée. Laissez refroidir. Cassez la plaque en petits morceaux pour servir.

Briouats au fromage frais

POUR 2 PERSONNES | **PRÉPARATION** : 10 MINUTES | **CUISSON** : 5 MINUTES

FRAIS

2 *feuilles de brick*
75 *g de Saint-Moret ou autre fromage frais (saint-florentin, ricotta)*

ÉPICERIE

10 *g de pistaches concassées*
1 *pincée de sucre*
1 *pointe de poivre vert*
10 *cl d'huile d'olive*

VIN

Crozes-hermitage blanc (10°)

• Malaxez le fromage avec les pistaches concassées et le sucre. Ajoutez 1 cuillerée à soupe d'huile d'olive et le poivre vert.

• Coupez les feuilles de brick en deux. Posez le côté brillant dessous et l'arrondi vers vous. Disposez 1 cuillerée de préparation au fromage dans le coin droit ou gauche, repliez l'arrondi dessus et ramenez à angle droit. Continuez le pliage pour obtenir un triangle et finissez en rentrant le coin à l'intérieur.

• Faites chauffer le reste d'huile d'olive dans une grande poêle et faites dorer les briouats à feu moyen. Servez avec une salade.

• Pour accompagner : mesclun et vinaigrette au citron, huile de pistache ou de noix et pistaches concassées.

Avocats mimosa

POUR 2 PERSONNES | **PRÉPARATION** : 5 MINUTES | **CUISSON** : 10 MINUTES

FRAIS

2 avocats mûrs à point
2 œufs
2 cuillerées à soupe de Boursin Cuisine aux herbes
2 brins de persil
Quelques gouttes de jus de citron

ÉPICERIE

1 cuillerée à café de vinaigre de vin blanc
Sel, poivre blanc

VIN

Chablis (10°)

• Portez à ébullition une casserole d'eau, plongez-y les œufs et laissez-les cuire 10 minutes. Rafraîchissez-les à l'eau froide et écalez-les. Râpez-les à la grosse grille. Ajoutez le vinaigre et le Boursin Cuisine, salez, poivrez et mélangez bien. Ouvrez les avocats en deux et retirez le noyau. Citronnez-les légèrement, retirez un peu de chair en creusant avec une cuillère puis mélangez-la aux œufs.

• Remplissez les avocats, décorez avec quelques brins de persil et servez frais.

Soupe fraîche d'olives aux herbes

POUR 2 PERSONNES | **PRÉPARATION** : 10 MINUTES | **RÉFRIGÉRATION** : 1 HEURE

FRAIS

1/2 concombre
20 cl de lait entier
75 g de brousse de brebis bien fraîche ou de ricotta
3 filets d'anchois à l'huile

SURGELÉ

1 cuillerée à soupe de ciboulette ciselée
1 cuillerée à soupe de basilic haché
1 cuillerée à café d'estragon haché

ÉPICERIE

75 g d'olives vertes dénoyautées
Poivre du moulin

VIN

Vin de pays des Maures rosé (10°)

• Pelez et égrainez le concombre, coupez-le en morceaux. Mixez les olives avec le concombre, les filets d'anchois égouttés, le basilic, la ciboulette en ajoutant le lait progressivement jusqu'à la consistance d'une soupe très fluide. Poivrez légèrement. Placez au frais 1 heure au moins.

• Dans des assiettes creuses, répartissez la brousse en quenelles, saupoudrez d'estragon et poivrez généreusement. Versez la soupe dans les assiettes. Servez frais.

CONSEIL > La qualité de la soupe dépend en grande partie de celle des olives. Évitez à tout prix les olives déjà dénoyautées conservées en boîte et préférez de bonnes olives achetées en vrac. N'hésitez pas à remplacer le lait de vache par du lait de chèvre.

Guacamole d'artichauts à l'orange

POUR 2 PERSONNES | **PRÉPARATION** : 10 MINUTES

SURGELÉ

3 cuillerées à soupe de coriandre hachée

ÉPICERIE

300 g de fonds d'artichauts en boîte ou en bocal
1/2 sachet d'assaisonnement pour guacamole
1 cuillerée à soupe d'huile d'olive
2 cuillerées à soupe de jus d'orange

VIN

Muscat d'Alsace (10°)

Égouttez, rincez, puis écrasez les fonds d'artichauts pour les réduire en purée. Ajoutez l'assaisonnement pour guacamole, l'huile d'olive, le jus d'orange et la coriandre. Diluez avec un peu d'eau si la préparation vous semble trop épaisse. Rectifiez l'assaisonnement si nécessaire. Servez frais avec des chips mexicaines ou des légumes crus.

PRATIQUE > Il est aussi possible d'utiliser des fonds surgelés que vous ferez bouillir 15 minutes dans de l'eau salée.

Sachet
mélange pour
Guacamole
Mexicain
Réussissez
facilement
votre
Guacamole
3-4
PERSONNES
PRÉPARATION
10 mn

Tartare de betterave au chèvre

POUR 2 PERSONNES I **PRÉPARATION :** 15 MINUTES

FRAIS

1 belle betterave cuite
75 g de chèvre mi-sec

SURGELÉ

1 cuillerée à soupe de basilic haché

ÉPICERIE

2 cuillerées à café de câpres fines au vinaigre
2 cuillerées à soupe d'huile d'olive
1 cuillerée à soupe de vinaigre balsamique
1/2 cuillerée à café de moutarde
Sel, poivre

VIN

Sancerre blanc (10°)

• Coupez la betterave en cubes. Coupez le chèvre en petits dés (plus petits que les cubes de betterave). Dans un bol, mélangez l'huile d'olive, la moutarde et le vinaigre. Salez, poivrez.

• Mélangez la moitié de la vinaigrette avec la betterave et répartissez dans des assiettes creuses. Saupoudrez de chèvre, ajoutez les câpres et le basilic sur le dessus, versez le reste de vinaigrette, poivrez et servez sans attendre avec des tranches de pain de campagne grillées.

PRATIQUE > Vous pouvez aussi utiliser des dés de betterave en bocal que vous égoutterez soigneusement.

Betty Loire
Poids net
250 g
3 182342 504617
28/02/05

Tartare poivré bœuf-brebis

POUR 2 PERSONNES I **PRÉPARATION** : 10 MINUTES

FRAIS
400 g de bœuf haché pour tartare
40 g de pecorino au poivre
2 jaunes d'œufs

SURGELÉ
1 cuillerées à soupe de basilic haché
1 cuillerées à soupe d'échalote hachée

ÉPICERIE
2 cuillerées à soupe d'huile d'olive
1 cuillerée à soupe de vinaigre de vin rouge
1 cuillerée à soupe de moutarde à l'ancienne
1 cuillerée à soupe de ketchup
1 cuillerée à soupe de câpres au vinaigre
Sel et poivre du moulin

VIN
Chinon (15°)

• Coupez le pecorino en copeaux à l'aide d'un économe. Brisez les copeaux en petits morceaux en les écrasant entre vos doigts.

• Dans un saladier, fouettez le vinaigre, la moutarde, le ketchup, l'huile et le poivre. Ajoutez la viande, creusez un puits et placez-y les jaunes d'œufs, les câpres, le basilic et l'échalote. Mélangez intimement et ajoutez le fromage. Mélangez de nouveau, rectifiez l'assaisonnement.

• Servez immédiatement ou placez au frais avant de servir. Accompagnez d'une salade de roquette assaisonnée au vinaigre balsamique et à la sauce de soja.

PRATIQUE > Vous pouvez aussi proposer tous les ingrédients de l'assaisonnement à table dans de petites coupelles.

Salade de petits légumes au saumon mariné

POUR 2 PERSONNES | **PRÉPARATION** : 5 MINUTES | **MARINADE** : 1 HEURE | **CUISSON** : 4 MINUTES

FRAIS

Le jus de 1/2 citron

SURGELÉ

125 g de petits légumes vapeur (chou-fleur/brocoli) (Picard)
100 g de pavé de saumon

ÉPICERIE

1/2 cuillerée à café de sucre en poudre
1 cuillerée à soupe de graines de sésame
Sel, poivre

VIN

Bordeaux sec (9°)

• Laissez décongeler le saumon 1 heure et coupez-le en lamelles de 1 cm d'épaisseur. Arrosez-le avec le jus de citron, ajoutez le sucre, 1 pincée de sel et laissez mariner 1 heure au frais. Faites griller les graines de sésame à la poêle.

• Faites cuire les légumes 4 minutes, comme indiqué sur le paquet, et passez-les brièvement sous un filet d'eau très froide pour arrêter la cuisson. Mélangez-les avec le reste de marinade, salez, poivrez et remuez. Servez dans les assiettes. Répartissez dessus les lamelles de saumon. Saupoudrez de sésame et servez avec des toasts de pain de campagne.

FÉTICHE > La tentation est grande de saupoudrer les petits grains de sésame parfumés sur tous les plats, aussi naturellement que le sel. Aux grains plats, je préfère les bombés, plus savoureux. Je les conserve au réfrigérateur pour éviter qu'ils rancissent et je n'oublie jamais de les poêler à sec pour rehausser leur saveur avant de les utiliser.

Céviche de Saint-Jacques passionnées

POUR 2 PERSONNES | **DÉCONGÉLATION** : 2 HEURES | **PRÉPARATION** : 15 MINUTES | **MARINADE** : 5 À 10 MINUTES

FRAIS

Le jus de 1/2 citron vert
1 fruit de la passion
Lait

SURGELÉ

250 g de grosses noix de Saint-Jacques françaises sans corail

ÉPICERIE

1 cuillerée à soupe de menthe séchée
Sel, poivre blanc

VIN

Pouilly-fumé (10°)

• Couvrez les Saint-Jacques d'un mélange d'eau et de lait et laissez-les décongeler 2 heures à température ambiante.

• Mixez le jus de citron vert avec la menthe. Salez la sauce et incorporez la pulpe du fruit de la passion. Égouttez les Saint-Jacques. Escalopez-les en 3 ou 4 lamelles selon l'épaisseur et placez-les dans un petit saladier. Arrosez-les de sauce au citron vert, poivrez au poivre blanc et mélangez. Laissez-les mariner 5 à 10 minutes selon le degré de « cuisson » désiré.

PRATIQUE > Évitez de décongler les noix de Saint-Jacques au micro-ondes et ne les laissez pas attendre plus de 30 minutes dans le jus de citron. Leur chair est si délicate qu'elle risquerait de cuire.

Carpaccio de crevettes à l'huile de thym

POUR 2 PERSONNES I **DÉCONGÉLATION** : 2 HEURES I **PRÉPARATION** : 20 MINUTES

FRAIS
1 cuillerée à soupe de tapenade
Le jus de 1/2 citron

SURGELÉ
125 g de queues de crevettes crues décortiquées
100 g de poivrons en dés

ÉPICERIE
6 cuillerées à soupe d'huile d'olive pimentée
1/2 cuillerée à soupe de thym
1 pointe de piment d'Espelette en poudre
Sel

VIN
Côteaux-du-languedoc blanc (8°)

• Laissez décongeler les crevettes et les poivrons 2 heures à température ambiante.

• Mélangez 4 cuillerées à soupe d'huile d'olive, le jus de citron, le piment et le thym. Taillez les queues de crevettes en deux dans la longueur. Étalez un peu d'huile citronnée sur les assiettes et disposez les crevettes dessus de façon à laisser de la place au centre. Arrosez avec le reste de l'huile citronnée, salez. Réservez au frais.

• Mélangez les 2 cuillerées d'huile d'olive restantes avec les dés de poivrons et la tapenade et servez bien frais dans un petit bol en accompagnement des crevettes.

Loup doré à ma sauce vierge

POUR 2 PERSONNES | **PRÉPARATION** : 10 MINUTES | **CUISSON** : 10 MINUTES

FRAIS

2 filets de loup de 180 g chacun
40 g de crevettes roses cuites décortiquées

SURGELÉ

25 g d'airelles
1 cuillerée à café de pluches d'aneth

ÉPICERIE

1 cuillerée à soupe de câpres au vinaigre
3 cuillerées à soupe d'huile d'olive au citron
Sel, poivre

VIN

Crozes-hermitage blanc (10°)

• Poêlez les filets de loup 3 minutes de chaque côté à feu moyen dans 2 cuillerées à soupe d'huile d'olive.

• Pendant ce temps, mélangez le reste d'huile d'olive, les crevettes coupées en petits dés, les câpres rincées et bien égouttées, l'aneth et les airelles. Salez et poivrez.

• Déposez les filets dans les assiettes. Versez la sauce dans la poêle et faites chauffer 1 minute sans porter à ébullition. Versez sur le poisson. Accompagnez de légumes ou de riz sauté.

Poisson sauté aux légumes croquants et aux cacahuètes

POUR 2 PERSONNES | **CUISSON** : 7 MINUTES

FRAIS

1 cuillerée à soupe de jus de citron vert

SURGELÉ

400 g de morceaux choisis de poissons nordiques (Picard)
300 g de légumes pour cuisine au wok asiatique (Picard)

ÉPICERIE

1 cuillerée à soupe de nuoc-mâm
1 cuillerée à soupe de sauce de soja
1 cuillerée à soupe de cacahuètes concassées
2 cuillerées à soupe d'huile d'arachide
Huile de sésame (option)
Piment en poudre

VIN

Vin de pays des Maures rosé (10°)

Faites chauffer l'huile d'arachide dans un wok ou dans une grande poêle à feu vif. Faites sauter les légumes 2 minutes à feu vif, ajoutez les cubes de poisson surgelés et laissez cuire encore 4 minutes en remuant souvent. Versez le jus de citron vert, le nuoc-mâm et la sauce de soja et laissez cuire encore 1 minute. Saupoudrez de cacahuètes concassées. Ajoutez une pointe de piment et, éventuellement, un trait d'huile de sésame.

Riz grillé au confit de canard

POUR 2 PERSONNES I **PRÉPARATION** : 10 MINUTES I **CUISSON** : 30 MINUTES

FRAIS

1 branche de persil plat

ÉPICERIE

125 g de riz basmati
1 cuisse de canard confite
1/2 cube de bouillon de volaille
Sel, poivre

VIN

Sancerre blanc (10°)

• Faites revenir le riz à cru dans une grande poêle avec 1 cuillerée à soupe de graisse du confit de canard. Ajoutez 4 fois le volume d'eau et le cube de bouillon. Portez à ébullition. Laissez cuire jusqu'à absorption complète du liquide.

• Pendant ce temps, égouttez le confit et retirez la peau de la cuisse. Effilochez la chair entre vos doigts, ajoutez le persil et mélangez au riz. Salez et poivrez.

• Faites chauffer 2 cuillerées à soupe de graisse dans la poêle, versez le riz, pressez bien comme pour façonner une galette et laissez cuire 10 minutes à feu moyen en veillant à ce que le riz ne brûle pas. Retournez sur une grande assiette, côté grillé vers le haut.

VARIANTE > Vous pouvez remplacer le canard par du bœuf longuement mijoté.

canard
DUBERNET
DUBERNET
DUBERNET
DUBERNET

Pastilla de canard aux olives

POUR 2 PERSONNES | **PRÉPARATION** : 5 MINUTES | **CUISSON** : 25 MINUTES

FRAIS
1 magret de canard
4 feuilles de brick
2 œufs

SURGELÉ
200 g d'oignons hachés

ÉPICERIE
20 g d'amandes hachées ou effilées
8 olives roses ou vertes dénoyautées
1/2 cuillerée à soupe de quatre-épices
1 dose de safran
1 cuillerée à café de sucre en poudre
Sel, poivre
Sucre glace
Cannelle

VIN
Côteaux-du-languedoc blanc (8°)

• Préchauffez le four à 200 °C (thermostat 6/7). Entaillez la peau du magret et faites-le cuire 3 minutes côté peau, puis 1 minute côté chair. Retirez-le, détachez la peau et hachez la chair.

• Réservez 4 cuillerées à soupe de la graisse de cuisson dans un bol.

• Dans une poêle, faites fondre les oignons 5 minutes, ajoutez les épices, le sucre, salez et poivrez. Ajoutez le hachis de canard, les œufs, les olives et les amandes, puis remuez vivement pendant 1 minute.

• Graissez les feuilles de brick avec la graisse de canard, superposez-les deux par deux et répartissez le hachis au centre. Fermez en petits paquets ronds, retournez-les et placez-les au four dans un plat beurré. Laissez cuire 15 minutes.

CONSEIL > Servez bien chaud, saupoudré de sucre glace et de cannelle. Accompagnez d'une salade d'herbes à l'huile d'olive et au citron.

Tagliatelles aux petits pois et au saumon

POUR 2 PERSONNES | **PRÉPARATION** : 5 MINUTES | **CUISSON** : 5 MINUTES

FRAIS

200 g de tagliatelles fraîches
12 cl de crème liquide
Quelques lamelles de saumon fumé ou 1 petite boîte d'œufs de saumon

SURGELÉ

200 g de saumon cru
100 g de petits pois
Aneth

ÉPICERIE

1 cuillerée à café de raifort râpé
Sel, poivre

VIN

Pouilly-fumé (10°)

• Portez à ébullition une grande quantité d'eau salée et jetez-y les tagliatelles. Ajoutez les petits pois 3 minutes avant la fin de la cuisson. Égouttez le tout.

• Pendant ce temps, portez la crème à ébullition et laissez bouillir 5 minutes pour qu'elle épaississe. Coupez le saumon en petits dés. Retirez la crème du feu, ajoutez-y le saumon et le raifort, salez, poivrez et mélangez délicatement.

• Mélangez les pâtes et les petits pois à la sauce, ajoutez les œufs ou le saumon fumé et parsemez d'aneth.

Pâtes blanches

POUR 2 PERSONNES | **CUISSON** : 5 MINUTES ENVIRON

FRAIS

150 g de tagliatelles fraîches
75 cl de lait entier
2 jaunes d'œufs

SURGELÉ

150 g de grosses Saint-Jacques sans corail

ÉPICERIE

1 cuillerée à café de sel
Poivre blanc

VIN

Bordeaux sec (9°)

Portez le lait à ébullition avec le sel. Dès les premiers frémissements, jetez les pâtes et les Saint-Jacques encore surgelées, remuez et laissez cuire 3 minutes dès la reprise de l'ébullition. Égouttez les pâtes et les Saint-Jacques et placez-les dans des assiettes creuses. Mettez les jaunes d'œufs dans le lait et fouettez vivement. Versez une louche de ce mélange dans chaque assiette, poivrez et servez.

je peux rester dîner ?

Sous le sapin

Quoi de plus ennuyeux qu'un repas de réveillon ? Menus verrouillés, recettes stéréotypées, avalanche calorique annoncée. Pour moi, c'est l'occasion de prouver ma capacité à innover en respectant les contraintes imposées par l'exercice. Si le résultat varie chaque année, la palette, elle, ne change pas. Disons que je brode autour de produits « festifs », ou qui en ont l'apparence. La découverte des escalopes de foie gras prédécoupées fut ainsi une révélation dont je n'hésite pas à dire qu'elle a révolutionné ma cuisine, m'offrant la possibilité de cuisiner le foie gras sans avoir besoin d'acheter un lobe entier. De la même façon, la gelée au madère, une fois améliorée, est de tous les secours pour improviser des terrines légères et très présentables. Si je n'avais qu'un seul conseil à vous donner pour briller sous le sapin : préparez vos recettes la veille. Ainsi vous aurez encore le temps de vous retourner en cas d'échec, et cela vous évitera de passer toute la soirée en cuisine.

MES FÉTICHES

Foie gras escalopé surgelé

Sachant qu'il était impossible de se procurer du foie gras cru autrement qu'en achetant un lobe entier, j'ai toujours renoncé à cuisiner des escalopes lors de mes dîners en petit comité... jusqu'à ce que les découpes de foie gras surgelé pointent leur nez dans le paysage gastronomique. Avec elles, tout est devenu possible : cocottes de légumes au foie gras, escalopes de foie panées aux noix, farces luxueuses...
Si je m'écoutais, je serais tentée d'en mettre jusque sur ma tartine du matin !

Gelée au madère

Pratique et parfumée, cette gelée en poudre est légèrement sucrée.
Facile d'utilisation, il suffit de la diluer dans un peu de liquide chaud (n'hésitez pas à remplacer une partie de l'eau par du vin ou du jus de viande) et voilà votre foie gras, vos légumes ou vos œufs joliment emprisonnés. Parfois, je la hache comme un tartare et je la propose en accompagnement de terrines ou de légumes secs. Sa faible valeur calorique en fait l'alliée indispensable des régimes. Attention ! elle est en revanche très riche en sel.

Langoustines crues surgelées

Si vous n'habitez pas le bord de mer, ne cherchez pas, il est pratiquement impossible de trouver des langoustines crues chez les poissonniers car celles-ci supportent très mal le transport. Heureusement, le surgelé est là... Attention ! ne servez pas les langoustines trop cuites – comme le veut une bien curieuse habitude – ce qui tend à les rendre fades et caoutchouteuses et leur fait perdre beaucoup de leur intérêt.

Pavés de saumon

Un poisson de luxe devenu tristement commun. Pourtant, cuisiné avec soin, le saumon peut être divinement sapide et fondant. Je privilégie les saumons venus des mers froides (Atlantique), en faisant bien attention à leur date limite de consommation : bon à savoir, les poissons les plus frais sont automatiquement placés derrière les autres, dans le fond du rayon – enfilez vos moufles et allez-y. Le choix du morceau compte aussi : j'évite la queue, plate et grasse, et j'opte pour le ventre plus épais, donc moins sec après cuisson.

Sauce de crustacés surgelée

Le grand bluff assuré, le coup de grâce alimentaire, voilà un petit sachet dont mon congélateur ne se départit jamais et qui se conjugue à toutes les envies.
Assorti de purée de tomates, il peut être la base d'une soupe onctueuse ; étalé sur une plaque et cuit au four à micro-ondes, il devient une détonnante poudre de crustacés ; détendu dans un peu de crème fraîche, le voilà sauce onctueuse pour des calmars ou des tagliatelles. Selon l'humeur, je peux y ajouter une pincée de piment, une poignée de basilic haché ou un trait de jus de citron.

Anguille fumée

Est-ce parce que mon papa élève des anguilles dans son marais de l'île de Ré que j'affectionne particulièrement ce délicieux poisson-serpent ? Il est presque impossible de trouver des anguilles fraîches dans la capitale, mais la version fumée, plus facile à transporter et à conserver, n'est pas un pis-aller, au contraire : la saveur de cette chair grasse se trouve délicieusement relevée et allégée par le fumage au bois. Un petit filet de citron et vous êtes au paradis !

GELÉE
MADÈRE

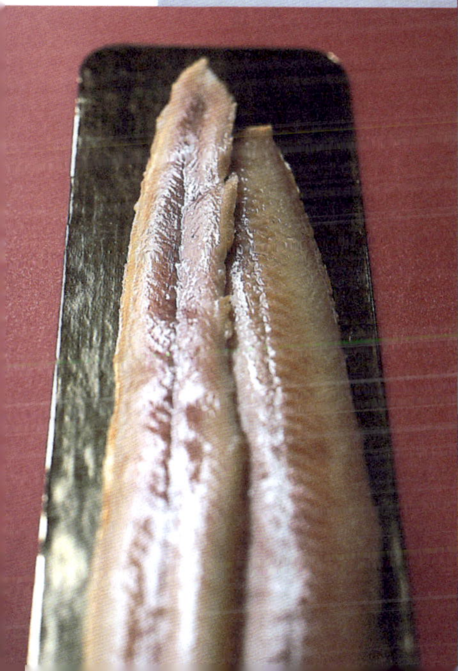

Mousse d'anguille fumée

POUR 6 PERSONNES | **PRÉPARATION :** 10 MINUTES | **CUISSON :** 5 MINUTES | **RÉFRIGÉRATION** : 12 HEURES

FRAIS

100 g d'anguille fumée
15 cl de crème fraîche épaisse
100 g de mayonnaise en bocal
20 cl de crème fleurette
2 échalotes émincées
1/2 citron vert

ÉPICERIE

Une vingtaine de câpres au vinaigre
1/2 sachet de gelée au madère
50 cl de vin blanc
50 cl de vinaigre
Sel, poivre
Poivre blanc

VIN

Condrieu (10°)

• Préparez la gelée avec 25 cl d'eau en suivant les indications sur l'emballage.

• Mixez la crème fraîche avec la mayonnaise et le poisson coupé en morceaux. Ajoutez la gelée encore tiède. Moulez dans une terrine et laissez reposer au frais 1 nuit.

• Pour préparer la sauce « pointue », mélangez le vin, le vinaigre, les câpres et les échalotes. Laissez réduire de moitié dans une petite casserole et ajoutez la crème fleurette. Laissez de nouveau réduire au tiers. Salez, poivrez et servez avec la mousse.

VARIANTE > Pour un plat plus économique, remplacez l'anguille par des chutes de saumon fumé.

Cabillaud mariné à l'aquavit

POUR 4 PERSONNES | **PRÉPARATION :** 10 MINUTES | **MARINADE :** 30 MINUTES

FRAIS
2 cuillerées à soupe de jus de citron

SURGELÉ
2 dos de cabillaud (350 à 400 g)
70 g d'airelles (ou en bocal)
1 cuillerée à soupe de menthe hachée

ÉPICERIE
2 cuillerées à café d'aquavit ou de vodka
1 cuillerée à soupe d'huile de maïs
1 pincée de sucre en poudre
Sel, poivre

VIN
Meursault (11°)

• Laissez décongeler le cabillaud 30 minutes (pas plus) à température ambiante en le laissant dans son emballage.

• Pour préparer la marinade, mixez le jus de citron avec l'aquavit ou la vodka, 1 cuillerée à soupe d'airelles surgelées ou en bocal, le sucre et l'huile de maïs. Salez, poivrez et réservez.

• Coupez le poisson en dés de 1 cm de côté et arrosez-les de sauce. Ajoutez le reste des airelles, mélangez et laissez mariner 30 minutes au frais.

• Décorez avec la menthe. Servez avec des tranches de pain de campagne grillées.

Tartare superluxe

POUR 4 PERSONNES | **DÉCONGÉLATION :** 2 HEURES | **PRÉPARATION :** 10 MINUTES | **CONGÉLATION :** 30 MINUTES

SURGELÉ
200 g de noix de Saint-Jacques sans corail
2 cuillerées à soupe de ciboulette ciselée
200 g de saumon cru

ÉPICERIE
100 g de foie gras cuit (en conserve ou sous vide)
1 cuillerée à soupe d'huile d'olive
Lait
Sel, poivre

VIN
Condrieu (10°)

• Laissez décongeler le saumon et plongez les Saint-Jacques dans un mélange d'eau et de lait pendant 2 heures. Pendant ce temps, mettez le foie gras au congélateur dans son emballage pendant 30 minutes pour le raffermir.

• Coupez le saumon et les Saint-Jacques en tout petits dés, ajoutez du sel, du poivre et la ciboulette. Versez l'huile d'olive et mélangez. Disposez en formant des cercles dans les assiettes. Coupez le foie gras en dés de la même taille et répartissez-le sur les tartares. Salez et poivrez une dernière fois et servez très frais. Accompagnez d'une salade croquante (chou, cœur de laitue…).

PRATIQUE > Choisissez un foie gras cuit plutôt que mi-cuit, il s'écrasera moins.

Foie gras glacé aux griottes et au cacao

POUR 4 PERSONNES I **CONGÉLATION :** 1 HEURE I I **PRÉPARATION :** 10 MINUTES

FRAIS

250 g de très bon foie gras cru (rayon frais ou Picard)

ÉPICERIE

1 cuillerée à soupe de vinaigre de vin vieux
1 cuillerée à café de vinaigre balsamique
3 cuillerées à soupe d'huile d'olive
1 cuillerée à soupe de cacao en poudre sans sucre
1 cuillerée à café de kirsch
Une vingtaine de cerises confites au kirsch
Sel, poivre du moulin

VIN

Châteauneuf-du-pape blanc (10-11°)

• Placez le foie gras 1 heure au congélateur pour le raffermir.

• Découpez ensuite le foie en tranches très fines, étalez-les sur les assiettes, salez, poivrez et placez au réfrigérateur le temps de terminer la préparation.

• Préparez la vinaigrette en fouettant les vinaigres, 1 cuillerée à café de kirsch, l'huile d'olive et le cacao. Égouttez les cerises et coupez-les en quatre.

• Arrosez le foie gras de vinaigrette, répartissez les cerises et servez accompagné de toasts de pain de campagne encore chauds.

VARIANTE > Si l'idée de consommer le foie gras cru vous déplaît, remplacez-le par un foie gras mi-cuit.

Papillotes de Saint-Jacques au foie gras

POUR 4 PERSONNES | **DÉCONGÉLATION :** 2 HEURES | **PRÉPARATION :** 10 MINUTES | **CUISSON :** 12 MINUTES

SURGELÉ

12 noix de Saint-Jacques (40 g par pièce environ)
4 escalopes de foie gras
200 g d'aubergines grillées (Picard)

ÉPICERIE

40 g de noix concassées
Lait
Sel, poivre du moulin

VIN

Meursault (11°)

• Faites décongeler les noix de Saint-Jacques dans un mélange d'eau et de lait pendant 2 heures. Laissez décongeler les aubergines pendant ce temps.

• Sur votre surface de travail, placez 3 lamelles d'aubergines grillées en étoile, déposez 3 noix de Saint-Jacques bien serrées, salez et poivrez légèrement, couvrez avec l'escalope de foie gras, saupoudrez de noix concassées, salez et poivrez de nouveau, puis fermez la papillote avec de la ficelle de cuisine ou du raphia. Procédez de même avec les autres papillottes.

• Faites cuire 10 à 12 minutes à la vapeur. Servez accompagné d'une salade de pousses d'épinards à l'huile de noix.

Velouté de crustacés aux noix de Saint-Jacques

POUR 4 PERSONNES | **CUISSON :** 25 MINUTES

FRAIS
25 g de beurre

SURGELÉ
1 sachet de sauce de crustacés (ou 20 cl de bisque en boîte)
250 g de noix de Saint-Jacques
1 cuillerée à soupe d'échalotes hachées
1 cuillerée à soupe bombée de basilic haché

ÉPICERIE
500 g de tomates pelées
Sel, poivre

VIN
Gewurztraminer vendanges tardives (10°)

Faites fondre les échalotes dans le beurre, ajoutez les tomates coupées en quartiers, 50 cl d'eau, salez, poivrez et laissez mijoter 20 minutes. Mixez le tout, ajoutez le sachet de sauce de crustacés, mélangez et portez à ébullition. Coupez les noix de Saint-Jacques en deux, versez-les dans la casserole et laissez cuire 3 minutes sans bouillir. Ajoutez le basilic, rectifiez l'assaisonnement puis servez bien chaud.

SUGGESTION > Si vous utilisez de la bisque en boîte, faites-la réduire préalablement 5 minutes sur le feu.

Tourte aux deux pommes et au foie gras

POUR 6 PERSONNES | **PRÉPARATION :** 10 MINUTES | **CUISSON :** 40 MINUTES

FRAIS

1 pomme golden
2 rouleaux de pâte feuilletée

SURGELÉ

700 g de pommes de terre en rondelles préfrites

ÉPICERIE

250 g de foie gras mi-cuit
2 cuillerées à soupe d'huile ordinaire
1 petite cuillerée à café de quatre-épices
1 cuillerée à café de fleur de sel
Poivre du moulin

VIN

Gewurztraminer vendanges tardives (10°)

• Préchauffez le four à 210 °C (thermostat 7). Découpez le foie gras en escalopes de 1,5 cm d'épaisseur. Faites chauffer l'huile dans une grande poêle et faites dorer les pommes de terre pendant 5 minutes à feu vif. Salez et poivrez. Déroulez les deux abaisses de pâte. Sur l'une d'elles, étalez la moitié des pommes de terre en laissant 2 cm de bord vierge. Déposez le foie gras sur le dessus, salez, poivrez et saupoudrez de quatre-épices.

• Pelez et coupez la pomme en fines lamelles. Déposez les lamelles sur le foie gras. Recouvrez du reste de pommes de terre, puis posez l'autre abaisse de pâte. Scellez les bords en les roulant légèrement puis piquez la pâte du dessus à l'aide d'une fourchette. Faites un petit trou pour laisser s'échapper la vapeur.

• Posez la tourte avec son papier de cuisson sur une grille. Enfournez et laissez cuire 20 minutes, baissez la température du four à 180 °C (thermostat 6) et continuez la cuisson 15 minutes. Servez avec une salade de haricots verts.

Pissaladière de langoustines

POUR 6 PERSONNES | **PRÉPARATION :** 5 MINUTES | **CUISSON :** 1 HEURE

FRAIS

2 rouleaux de pâte feuilletée
100 g de lardons fumés
Le jus de 1/2 citron

SURGELÉ

24 langoustines crues
800 g d'oignons émincés

ÉPICERIE

3 cuillerées à soupe d'huile d'olive
1 cuillerée à café de thym séché
Sel, poivre

VIN

Condrieu (10°)

Préchauffez le four à 210 °C (thermostat 7). Sortez les langoustines du congélateur. Faites rissoler les lardons 5 minutes dans 2 cuillerées à soupe d'huile d'olive puis égouttez-les sur du papier absorbant. Remplacez-les par les oignons et le thym, couvrez puis laissez cuire 25 minutes à couvert en remuant de temps en temps. Retirez le couvercle et ajoutez les lardons. Salez peu, poivrez et laissez cuire encore 5 minutes à découvert.
• Déroulez les pâtes et découpez 3 disques dans chacune. Posez-les sur le papier sulfurisé, puis sur une plaque de cuisson. Répartissez les oignons sur les disques et faites cuire 25 minutes au four. Retirez du four et augmentez la température à 240 °C (thermostat 8).

• Disposez les langoustines préalablement décortiquées sur les tartelettes aux oignons, arrosez-les d'huile d'olive, répartissez le jus de citron, salez, poivrez et remettez au four 5 minutes. Servez sans attendre.

VARIANTE > Remplacez les langoustines par des filets d'anchois frais.

feuilletée
pâte à tarte déjà étalée
FEUILLETEE CREME

Saumon fumé par mes soins

POUR 4 PERSONNES | **PRÉPARATION :** 15 MINUTES | **CUISSON :** 6 MINUTES

FRAIS

4 pavés de saumon avec peau
1/2 concombre
1 pomme verte
Le jus de 1/2 citron
1 yaourt brassé

SURGELÉ

2 cuillerées à soupe de menthe hachée

ÉPICERIE

1 cuillerée à café de moutarde forte
1 cuillerée à soupe de miel
4 cuillerées à soupe de riz basmati
4 cuillerées à soupe de thé noir nature ou aromatisé
Sel, poivre

VIN

Chablis premier cru (10°)

• Lavez, séchez et épépinez le concombre et la pomme. Coupez-les en dés et arrosez-les de jus de citron. Mélangez la moutarde, le miel, le yaourt et la menthe. Salez, poivrez et versez sur les pommes. Mélangez bien. Réservez au frais.

• Couvrez de papier d'aluminium le fond d'une cocotte avec couvercle, déposez le riz et le thé sur l'aluminium, mélangez et faites chauffer à feu doux. Dès que le mélange commence à fumer, posez une petite grille dans le fond pour que le poisson soit en suspension. Déposez les pavés de saumon côté peau en dessous. Couvrez et laissez cuire 5 minutes. Retirez la peau délicatement en passant un couteau entre la chair et la peau.

• Servez les pavés chauds ou tièdes avec la salade de concombre aux pommes.

PRATIQUE > Pour apporter un peu de croustillant, faites chauffer l'huile dans une poêle à feu vif et poêlez les pavés 40 secondes côté peau dès la fin de leur « fumage ». Vous pouvez remplacer le miel et le jus de citron par 2 cuillerées à soupe de mélasse de grenade.

TWININGS
OF LONDON
BREAKFAST TEA

Sashimi de saumon gravlax

POUR 6 PERSONNES | **PRÉPARATION :** 20 MINUTES | **MARINADE :** 6 HEURES

FRAIS
800 g de pavés de saumon avec peau
6 cuillerées à soupe de mayonnaise en bocal

SURGELÉ
2 boîtes d'aneth haché

ÉPICERIE
3 cuillerées à soupe de gros sel
60 g de sucre en poudre + 2 cuillerées à soupe
1/2 cuillerée à café de noix de muscade râpée
1 cuillerée à soupe de poivre noir en grains
1 pot de 100 g de moutarde au vinaigre balsamique (ou moutarde brune)
5 cuillerées à soupe de vinaigre de vin blanc
Poivre blanc

VIN
Pouilly-fuissé (11°)

• Mélangez les ingrédients de la marinade : 1 paquet d'aneth surgelé, le gros sel, 2 cuillerées à soupe de sucre, la muscade et le poivre noir en grains. Enduisez les pavés de saumon de marinade en pressant bien. Déposez la moitié des pavés côté chair vers le haut sur une longue bande de film alimentaire. Recouvrez chaque pavé d'un autre, côté peau vers le haut, comme pour reconstituer le poisson. Refermez le film de manière à façonner un paquet bien serré. Posez-le dans un plat et laissez mariner 6 heures en les retournant une fois.

• Retirez la marinade et rincez rapidement les pavés. Découpez le saumon en lamelles de 1/2 cm, comme des sashimi.

• Avant de servir, préparez la sauce : fouettez la moutarde avec le sucre et la mayonnaise. Ajoutez le vinaigre et l'aneth. Poivrez.

SUGGESTION > Accompagnez d'une salade de pommes vertes, de cornichons, de concombre et de menthe.

SEL

de Penja

Billington's
NATURAL
SUCRE
DEMERARA
SUCRE DE
CANNE
500g ℮

Langoustines sautées aux fèves et aux lardons

POUR 6 PERSONNES | **CUISSON :** 15 MINUTES

FRAIS

100 g de lardons fumés

SURGELÉ

1 kg de langoustines crues
450 g de fèves pelées (Picard)
2 cuillerées à soupe de ciboulette ciselée

ÉPICERIE

4 cuillerées à soupe de graisse d'oie
1 pointe de piment d'Espelette en poudre
Sel, poivre

VIN

Châteauneuf-du-pape blanc (10-11°)

• Dans une grande poêle, faites sauter les lardons 5 minutes à feu vif avec 2 cuillerées à soupe de graisse d'oie. Ajoutez les fèves encore surgelées, baissez le feu et faites cuire 5 minutes. Ajoutez la ciboulette, salez peu, poivrez généreusement. Réservez au chaud.

• Chauffez le reste de graisse d'oie dans une grande poêle. Quand elle commence à frémir, placez-y les langoustines encore surgelées et faites-les cuire 5 minutes à feu vif en remuant souvent. Salez et pimentez. Servez avec les fèves aux lardons.

Parmentier de confit de canard aux cèpes

POUR 4 À 6 PERSONNES | **PRÉPARATION :** 15 MINUTES | **CUISSON :** 35 MINUTES

FRAIS

60 g de fromage râpé du type emmental

SURGELÉ

3 cuillerées à soupe de persil ciselé

ÉPICERIE

4 cuisses de canard confites
400 g de cèpes cuisinés à l'huile
1 sachet de purée au fromage pour 4 personnes
Noix de muscade
1 cuillerée à soupe de purée d'ail
3 cuillerées à soupe de chapelure

VIN

Madiran (17°)

• Préchauffez le four à 200 °C (thermostat 6/7). Placez le contenu de la boîte de cuisses de canard dans un plat à gratin (20 cm de côté environ), retirez la gelée située au fond du plat et réservez-la. Enfournez le plat 5 minutes pour faire fondre la graisse. Égouttez les cuisses et réservez la graisse dans un bol ou un bocal (conservez-la au frais, vous pourrez l'utiliser toute l'année pour cuisiner). Égouttez les cèpes et gardez l'huile. Préparez la purée en suivant les indications figurant sur le paquet, mais diminuez un peu la quantité de lait – elle doit être un peu sèche – et remplacez le beurre par 3 cuillerées à soupe de l'huile des cèpes. Muscadez légèrement.

• Retirez la peau des cuisses et effilochez les chairs entre vos doigts. Incorporez le persil, la purée d'ail et 2 cuillerées à soupe de gelée du confit. Mélangez bien.

• Étalez la viande dans le fond du plat, couvrez de cèpes égouttés, recouvrez de purée, puis saupoudrez de fromage, de chapelure et terminez par un filet de l'huile des cèpes. Enfournez et laissez cuire 25 minutes.

PRATIQUE > Si vous ne trouvez pas de cèpes à l'huile, utilisez des cèpes conservés au naturel et faites-les sauter dans un mélange de beurre et d'huile avant de les utiliser. Dans ce cas, utilisez la graisse de canard dans la purée. Si vous n'avez pas de purée d'ail, remplacez-la par 1 grosse cuillerée à café d'ail haché surgelé ou une gousse d'ail finement émincée.

GRAS DU SUD-OUEST
1350g
740g

Sors de Ma cuisine !

La cuisine pour les jules ne doit pas être confondue avec la cuisine « par » les jules

La cuisine pour les Jules ne doit pas être confondue avec la cuisine « par » les Jules.
Disons que cette dernière est nettement plus rapide, plus sobre... oserais-je dire « élémentaire » ? Une sorte de syncrétisme alimentaire opéré en dépit du bon goût autorisé. Pourtant, je dois reconnaître que le résultat est un concentré de plaisir, une cuisine libérée de tous les tabous qui ne répond qu'à un seul mot d'ordre : la facilité.
La régression, ça a du bon, surtout à deux.

MES FÉTICHES

Sauce tomate

L'incontournable, l'élémentaire à avoir toujours sous la main, surtout en période hivernale quand les tomates sont complètement dépourvues de parfum.
Après de multiples essais, j'ai opté pour une sauce tout-terrain à la saveur neutre et au bon goût de tomate fraîche (sauce tomate Monoprix aux tomates fraîches).
Mais rien ne vous empêche de faire quelques essais pour élire votre « fétiche ».

Babybel jaune

Si celui-ci est à l'emmental – couleur oblige –, on peut se demander quel fromage est à la base du rouge. Quoi qu'il en soit, le jaune possède un arôme plus soutenu et ne fait pas « masse » après avoir fondu. Conditionné dans une petite coque de cire, ce fromage pasteurisé se conserve plus d'un mois au réfrigérateur. Cela me permet d'improviser des mini-fondues à n'importe quel moment de l'année.

Purée surgelée

Si j'ai toujours un sachet de purée lyophilisée dans mes placards, c'est pour me permettre de paner les poissons délicats, mais en aucun cas pour préparer de la purée (faut pas charrier). En revanche, je reconnais un net penchant pour la purée surgelée qui a le mérite d'être uniquement composée de pommes de terre écrasées – ce qui permet de l'assaisonner à son gré : huile d'olive, lait écrémé, crème fraîche de soja. Un conseil toutefois : le lait ajouté à la purée doit toujours être bouillant.

Boursin cuisine

Une crème fraîche aromatisée qui permet de préparer des sauces minute, de farcir un poulet ou de déglacer un steak sans s'astreindre à la corvée de marché.
À utiliser crue ou cuite.
Si le parfum tomate laisse un petit goût d'artifice, je confesse un petit faible pour les crèmes au poivre ou à l'ail qui sont parfaitement dosées.

Épices pour tacos

Un mélange d'épices tout prêt destiné à parfumer la viande hachée qui vient garnir les tacos. Bien que je ne sois pas une inconditionnelle de la nourriture mexicaine, j'utilise cette poudre, diluée dans un peu d'huile, en guise de marinade express pour les viandes rouges et les poissons gras (thon, saumon). Attention à ne pas confondre « tacos » avec les autres mélanges : « burritos », « guacamole », trop acides et peu appropriés aux marinades.

Entrecôte surgelée

Que ceux qui n'ont jamais eu soudainement envie d'une belle pièce de viande me jettent la première pierre : épaisse, d'un rouge soutenu (évitez à tout prix le bœuf trop rose et privilégiez les pièces rassises, bien plus tendres). Profitez de la loi qui oblige les industriels à inscrire l'origine de la viande sur l'emballage et privilégiez les viandes françaises ou argentines, sapides et parfaitement persillées.

Concassée
Tomates au

Mac' and cheese

POUR 4 PERSONNES | **PRÉPARATION :** 5 MINUTES | **CUISSON :** 20 MINUTES

FRAIS

150 g de lardons fumés en allumettes
10 cl de lait entier
10 cl de crème fraîche
100 g de Babybel® jaune ou de cheddar orange
50 g de parmesan râpé
1 jaune d'œuf

SURGELÉ

1 cuillerée à café d'ail haché
2 cuillerées à soupe de basilic haché

ÉPICERIE

300 g de macaronis
Noix de muscade
Sel, poivre

VIN

Bourgueil (14°)

• Préchauffez le four à 240 °C (thermostat 8). Portez à ébullition une grande quantité d'eau. Versez les pâtes et salez l'eau. Râpez le fromage ou le Babybel® puis mélangez-le au parmesan.

• Faites revenir les lardons à feu moyen. Ajoutez l'ail et laissez fondre 1 minute.

• Mélangez la crème, le lait et le jaune d'œuf.

• Égouttez les pâtes. Versez la crème dans la poêle, salez, poivrez et saupoudrez de muscade. Portez à ébullition. Incorporez les deux tiers du fromage et laissez fondre en tournant. Versez les pâtes dans la sauce, ajoutez le basilic, remuez bien.

• Mettez les pâtes dans un plat allant au four sans trop les superposer. Saupoudrez avec le reste de fromage et placez-le dans le haut du four. Laissez cuire 10 minutes.

CONSEIL > Ajoutez éventuellement un peu de chapelure sur le dessus.

Welsh rarebit à la sauge

POUR 4 PERSONNES | **PRÉPARATION :** 5 MINUTES | **CUISSON :** 10 MINUTES

FRAIS

4 tranches de pain de campagne
200 g de Babybel® jaune ou de Toastinettes au cheddar

ÉPICERIE

1 canette de bière blonde
1 cuillerée à soupe de Maïzena®
1 cuillerée à café de moutarde douce (au miel ou aux fruits)
1 cuillerée à café de sauge séchée

• Préchauffez le four à 210 °C (thermostat 6/7). Versez la bière dans une casserole et faites-la réduire de moitié. Grillez légèrement les tranches de pain. Faites fondre le fromage dans la bière, ajoutez la sauge, la moutarde, la Maïzena® et mélangez. Retirez du feu.

• Disposez les tranches de pain dans des plats individuels, recouvrez de crème au fromage et faites cuire 5 minutes au four. Servez sans attendre.

Petits pains à la fondue de Boursin

POUR 4 PERSONNES | **PRÉPARATION :** 5 MINUTES | **CUISSON :** 15 MINUTES

FRAIS

4 petits pains de campagne individuels
120 g de beaufort râpé, d'emmental ou de comté
1 grosse cuillerée à soupe de Boursin Cuisine® ail et fines herbes

ÉPICERIE

5 cl de vin blanc sec
Poivre du moulin

VIN

Sancerre rouge (15°)

• Préchauffez le four à 200 °C (thermostat 6/7). Coupez les petits pains à l'horizontale comme si vous retiriez un chapeau. Creusez la mie sans entamer la croûte.

• Dans un bol, mélangez le Boursin®, le vin et le fromage, poivrez bien et remuez. Répartissez le mélange dans les petits pains puis enfournez. Laissez cuire 15 minutes environ. Laissez reposer 5 minutes puis servez accompagné d'une salade verte.

Coleslaw burger

POUR 2 PERSONNES | **PRÉPARATION :** 10 MINUTES | **CUISSON :** 5 MINUTES

FRAIS
2 bagels
2 steaks hachés de bœuf à l'oignon
100 g de coleslaw
1/2 tomate

SURGELÉ
1 cuillerée à soupe de basilic haché

ÉPICERIE
3 lamelles de tomates séchées
1 cuillerée à café de peanut butter
1 cuillerée à café de moutarde douce
Poivre

VIN
Coteaux d'Aix-en-Provence rosé (11°)

• Lavez la tomate et coupez-la en rondelles fines.

• Poêlez les steaks 1 à 2 minutes de chaque côté selon la cuisson désirée.

• Pendant ce temps, égouttez les tomates séchées et émincez-les. Mélangez-les au coleslaw, ajoutez la moutarde et le basilic.

• Toastez légèrement les bagels. Étalez la préparation sur la base des bagels puis déposez les steaks dessus. Poivrez un peu et déposez des rondelles de tomate fraîche. Couvrez avec le dessus du bagel modérément tartiné de peanut butter puis servez. Accompagnez de quelques chips de légumes.

VARIANTE > Vous pouvez remplacer les tomates séchées par des cornichons coupés en rondelles fines.

Tarte à la ratatouille comme une chatchouka

POUR 4 À 6 PERSONNES | **PRÉPARATION :** 5 MINUTES | **CUISSON :** 40 MINUTES

FRAIS
1 rouleau de pâte brisée
7 œufs
2 cuillerées à soupe de crème fraîche épaisse

ÉPICERIE
500 g de ratatouille en bocal
Tabasco

VIN
Côtes-de-provence rosé (11°)

• Préchauffez le four à 180 °C (thermostat 6). Dans un saladier, mélangez la ratatouille, 1 œuf, la crème fraîche, le thym et une giclée de Tabasco.

• Disposez le rouleau de pâte brisée dans un grand moule à tarte beurré en faisant bien remonter les bords. Versez la ratatouille, enfournez et faites cuire 30 minutes.

• Sortez la tarte du four, faites 6 « puits » dans la ratatouille, sans creuser jusqu'à la pâte, et cassez-y les œufs. Salez et poivrez. Remettez au four 10 minutes. Servez chaud ou tiède.

CONSEIL > Huilez les bords de la pâte 10 minutes avant la fin de la cuisson pour éviter qu'ils brûlent.

Ratatouille
MADE IN U.S.A.
McILHENNY CO.
AVERY ISLAND
LA.
TABASCO
BRAND
PEPPER SAUCE
www.lapetitegoutte.com
sauce au
PIMENT ROUGE

Mon petit canard laqué

POUR 2 PERSONNES I **PRÉPARATION :** 10 MINUTES I **CUISSON :** 1 MINUTE AU FOUR À MICRO-ONDES

FRAIS

250 g de canard laqué émincé (acheté chez un traiteur chinois)
2 tortillas (ou 4 crêpes mandarin achetées chez un traiteur chinois)
1 oignon frais avec une tige verte

ÉPICERIE

2 cuillerées à soupe de sauce hoisin

VIN

Rosé de Loire (10°)

Émincez l'oignon très finement dans la longueur avec une partie de son vert. Réchauffez les tortillas 1 minute au micro-ondes. Dans chaque tortilla, déposez quelques lanières de chair de canard, des lamelles de peau, 1 cuillerée à café de sauce hoisin et un peu d'oignon émincé. Roulez les tortillas et coupez-les en deux. Servez tiède avec un peu de sauce hoisin proposée à part.

CONSEIL > Si vous ne trouvez pas la sauce hoisin chinoise, remplacez-la par un mélange de 1 cuillerée à soupe de sauce de soja mélangée avec 1 cuillerée à soupe de vergeoise.

Parmentier de veau bolognaise

POUR 4 PERSONNES | **PRÉPARATION :** 15 MINUTES | **CUISSON :** 15 MINUTES

FRAIS
60 g de parmesan râpé
Lait pour la purée

SURGELÉ
400 g de veau haché (Picard)
50 g d'échalotes hachées
2 cuillerées à soupe de basilic haché

ÉPICERIE
1 grand sachet de purée en flocons (800 g)
3 cuillerées à soupe d'huile d'olive
200 g de sauce tomate
1 cuillerée à soupe de pâte de tomates séchées
Sel, poivre

VIN
Anjou rouge (14°)

• Préchauffez le four à 200 °C (thermostat 6/7).

• Faites fondre les échalotes dans 1 cuillerée à soupe d'huile d'olive, ajoutez la sauce tomate, la viande et laissez cuire jusqu'à ce qu'elle puisse être émiettée finement à la fourchette (pas plus de 10 minutes). Salez, poivrez, ajoutez le basilic et remuez.

• Préparez la purée selon les instructions (remplacez le beurre par de l'huile d'olive). Ajoutez la pâte de tomates séchées, mélangez.

• Dans un plat à gratin, versez en une couche la viande hachée, puis recouvrez de purée. Chauffez 3 minutes à four chaud (210 °C). Avant de servir, saupoudrez la surface du gratin de parmesan râpé.

CONSEIL > Remplacez la pâte de tomates séchées par des tomates séchées hachées par vos soins.

IDÉES RECETTE
RECETTE DE PÂTES

Gratin de coquillettes au jambon

POUR 6 PERSONNES | **PRÉPARATION :** 15 MINUTES | **CUISSON :** 35 MINUTES

FRAIS

200 g d'allumettes de jambon
100 g de beurre
150 g de Babybel® jaune râpé, de gruyère ou de cheddar

SURGELÉ

300 g d'oignons émincés

ÉPICERIE

350 g de coquillettes
1 grosse boîte de tomates pelées au naturel (ou 400 g de tomates pelées surgelées, ou 5 tomates fraîches pelées et concassées)
Sauce tomate
1 morceau de sucre
Sel, poivre

VIN

Beaujolais (14°)

• Préchauffez le four à 210 °C (thermostat 7). Faites fondre les oignons 3 minutes dans une casserole avec 60 g de beurre, ajoutez les tomates concassées, le sucre, le sel et un peu de poivre. Laissez cuire à feu moyen 15 à 20 minutes.

• Pendant ce temps, faites cuire les coquillettes *al dente*. Égouttez les pâtes, versez-les dans un grand plat à gratin, ajoutez le reste du beurre et les allumettes de jambon. Salez légèrement. Nappez de sauce tomate, couvrez de fromage râpé et mettez dans le haut du four. Laissez cuire 15 minutes.

ASTUCE > Si vous manquez de temps, remplacez la sauce tomate maison par une bonne sauce en boîte ou surgelée.

Entrecôtes des chicanos

POUR 2 PERSONNES | **MARINADE :** 3 HEURES | **PRÉPARATION :** 5 MINUTES | **CUISSON :** 10 MINUTES

FRAIS

2 entrecôtes de 180 g environ chacune (fraîches ou surgelées)

ÉPICERIE

1 grosse cuillère à soupe de mélange d'épices pour tacos (en sachet)
2 cuillerées à soupe d'huile d'olive
3 cuillerées à soupe de coulis de tomates
1 cuillerée à soupe de ketchup
1 cuillerée à soupe de cognac
Sel

VIN

Minervois (16°)

• Dans un plat creux, mélangez les épices avec l'huile d'olive. Déposez les entrecôtes dans le plat et retournez-les plusieurs fois pour bien les enduire du mélange. Couvrez le plat et laissez mariner de 3 à 24 heures au frais.

• Juste avant de passer à table, faites chauffer une poêle antiadhésive à feu très vif. Faites cuire les entrecôtes 2 à 3 minutes de chaque côté, selon le degré de cuisson désiré. Déposez-les dans les assiettes.

• Versez la sauce tomate, le ketchup et le cognac dans la poêle. Remuez jusqu'à ébullition puis arrêtez le feu. Salez puis mélangez de nouveau.

• Servez les entrecôtes avec la sauce. Accompagnez ce plat de carotococa (page 64) ou de patates douces sautées à l'huile d'olive.

TACO
SEASONING MIX
CASA FIESTA
35 g ℮

Tu peux changer de chaine, je déteste cette émission!

Dans le salon ou en bord de rivière

Qu'il soit organisé dans le salon ou en bord de rivière, le pique-nique a toujours eu pour moi un petit goût de subversion. Nourritures nomades, papilles en vacances, protocole bousculé, le pique-nique révèle son charme dans le désordre. Un repas sans ordonnance, avalé assis en tailleur et picoré avec les doigts, voilà bien le seul rituel à suivre.
À la maison, la difficulté est de trouver le juste milieu entre le buffet plan-plan et le grignotage frugal. Saumon fumé, tomates séchées, pois chiches en boîte, libre à chacun de composer son panier idéal.
Les aliments fétiches du pique-nique ne doivent pas nécessiter beaucoup de transformation ;
ils sont comme les pièces d'un puzzle qu'il suffit d'assembler pour que cela « rende joli ».

MES FÉTICHES

Lentilles sous vide, cuites à la vapeur

Pour s'épargner les 20 minutes de cuisson et l'achat des condiments nécessaires à la cuisson des lentilles vertes, j'opte pour les lentilles cuites à la vapeur et conservées sous vide. Légèrement croquantes, elles gardent leur teneur en minéraux et sont nettement supérieures à celles conservées en boîte, tout juste bonnes à être réduites en purée. Un conseil : pour séparer les lentilles sans risquer de les écraser, percez quelques trous sur le dessus du sachet et malaxez-le délicatement avant de l'ouvrir.

Polenta

Seuls les Italiens connaissent toutes les subtilités de cette farine de maïs, humble mais terriblement savoureuse quand on l'assaisonne d'un peu de fromage et de beurre. En galette ou en terrine, elle se mange froide ou chaude – ce qui la rend facile à transporter. La polenta précuite ne remplace pas celle des anciens, qu'il fallait remuer longuement, mais elle épargne bien des efforts. Cuisinière émérite, Sophia Loren écrivit dans l'un de ses précieux recueils de recettes que « la perfection n'est atteinte qu'au bout d'une heure et demie de brassage ».

Guacamole

Pour une inconditionnelle du sandwich comme moi, le guacamole est aussi indispensable que la mayonnaise. Sans compter qu'il est plus parfumé et moins calorique que cette dernière. Essayez de le marier avec du jambon, des crevettes ou du poisson fumé, vous ne pourrez plus vous en passer. Pour être sûre de pouvoir calmer mes envies les plus soudaines, je l'achète chez Picard ou bien je le congèle moi-même.

Chorizo

Fabriquée à base de viande de porc (parfois de bœuf), cette saucisse espagnole est parfumée au paprika et à l'ail avant d'être fumée. Plus frais que nos saucisses sèches, le chorizo est facile à cuisiner et donne son petit goût fumé aux omelettes, aux ragoûts ou aux patates sautées. Pour l'accommoder, on le choisira plutôt mou pour éviter qu'il durcisse trop à la cuisson. Attention, ceux qui sont rangés dans la catégorie « piquant » n'usurpent pas leur nom !

Huiles d'olives aromatisées

Aussi pratiques quand on veut gagner du temps que lorsqu'on est en panne d'ail ou de basilic. Une giclée dans la poêle et le parfum d'ail éclate déjà dans votre cuisine. Choisissez une marque réputée pour être sûre que leurs arômes ne sont pas des cache-misère et gardez-les au réfrigérateur pour préserver leur bouquet. Personnellement, j'apprécie particulièrement la gamme Lesieur.

Tomates séchées à l'huile d'olive

Autrefois pratiqué à la seule chaleur du soleil, le séchage des tomates est un procédé séculaire qui permet de les conserver tout en concentrant leurs sucres et leurs arômes. Quelques lamelles mijotées dans une sauce au vin ou disposées sur une salade de riz apportent à la fois acidité et fruité. Préférez-les conservées dans l'huile et vérifiez qu'il s'agit bien d'huile d'olive et non d'arachide. Dernier conseil : ne jetez pas leur huile et utilisez-la pour parfumer vos plats.

LUNOR
Les saveurs du potager
lentilles
500 g

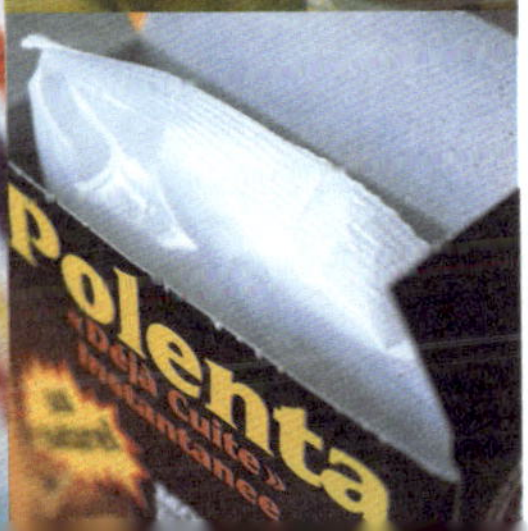
Polenta
«Déjà Cuite»
Instantanée

Balila : salade de pois chiches au cumin et au citron

POUR 4 PERSONNES I **PRÉPARATION :** 20 MINUTES I **CUISSON :** 15 MINUTES

Je rends grâce à mes amis libanais de m'avoir fait découvrir ce plat lors d'un repas idyllique pris un dimanche ensoleillé sur les hauteurs de Beyrouth.

FRAIS

Le jus de 1 citron
1 cuillerée à soupe de persil ciselé

ÉPICERIE

300 g de pois chiches en bocal
1 cuillerée à café de cumin en poudre
1/2 cuillerée à café de cannelle
3 cuillerées à soupe d'huile d'olive à l'ail Lesieur® (ou 3 cuillerées à soupe d'huile d'olive et 1 cuillerée à café d'ail haché)
Sel, poivre blanc

• Portez à ébullition une grande quantité d'eau dans une casserole. Lorsqu'elle bout, versez-y les pois chiches. Dès la reprise de l'ébullition, coupez le feu, égouttez-les et passez-les sous l'eau froide pour arrêter la cuisson (cette opération facilite l'épluchage). Retirez leur peau en les pressant avec vos doigts.

• Dans une casserole, faites fondre à feu doux le cumin, la cannelle (et l'ail si vous n'utilisez pas d'huile déjà parfumée) dans 3 cuillerées à soupe d'huile d'olive pendant 2 minutes. Ajoutez les pois chiches, 1 cuillerée à soupe de jus de citron et couvrez d'eau à mi-hauteur. Couvrez et laissez cuire 10 minutes environ. Rectifiez l'assaisonnement. Servez tiède ou froid, saupoudré de persil ciselé et accompagnez de pita coupée en deux et grillée au four.

CONSEIL > *L'épluchage des pois chiches n'est pas indispensable, mais il rend le plat plus fin et plus digeste.*

Taboulé de semoule complète et lentilles au citron

POUR 6 PERSONNES | **PRÉPARATION :** 10 MINUTES | **CUISSON :** 20 MINUTES | **REPOS :** 1 HEURE

FRAIS

4 citrons non traités
1/2 bouquet de menthe

ÉPICERIE

500 g de semoule de couscous complète (dans les épiceries diététiques)
100 g de lentilles du Puy
3 cuillerées à soupe d'huile d'olive
Sel, poivre

VIN

Mâcon-villages (10°)

• Prélevez les zestes de 2 citrons (à l'aide d'une râpe ou d'un zesteur) et pressez le jus des 4. Versez la semoule dans un grand saladier, arrosez des jus de citron et ajoutez les zestes. Ajoutez 20 cl d'eau bouillante et mélangez bien avec une fourchette. Couvrez et laissez gonfler.

• Pendant ce temps, versez les lentilles dans une grande quantité d'eau salée et laissez cuire 20 minutes (elles doivent être encore bien fermes). Égouttez et ajoutez-les à la semoule. Arrosez d'huile et remuez pour détacher les grains.

• Ajoutez la menthe ciselée, salez et poivrez. Laissez reposer au moins 1 heure au frais avant de servir.

ASTUCE > Personnellement, j'utilise de la semoule Priméal®, à base d'épeautre et de quinoa, que l'on trouve dans les épiceries bio, mais vous pouvez utiliser de la semoule raffinée fine.

VARIANTE > Ajoutez éventuellement des dés de tomates, sans les pépins. Vous pouvez remplacer les lentilles par des dés de courgette et la menthe par de l'aneth.

Meatloaf aux tomates séchées

POUR 8 PERSONNES | **PRÉPARATION :** 5 MINUTES | **CUISSON :** 45 MINUTES

FRAIS
700 g de bœuf haché
80 g de pain de mie nature ou aux céréales

SURGELÉ
1 cuillerée à café d'ail haché

ÉPICERIE
150 g de sauce tomate en bocal aux herbes de Provence
15 lamelles de tomates séchées
2 cuillerées à soupe d'huile d'olive
1 cuillerée à soupe de l'huile des tomates
1/2 cuillerée à café de sel
1 cuillerée à café de poivre mignonnette

VIN
Patrimonio rosé (10°)

• Préchauffez le four à 220 °C (thermostat 7/8).

• Mixez le pain avec l'ail, ajoutez la sauce tomate et les huiles. Mixez jusqu'à l'obtention d'une chapelure grossière. Versez dans un saladier, incorporez la viande, les tomates séchées grossièrement coupées, le sel, le poivre. Versez le tout dans une terrine. Enfournez et laissez cuire 45 minutes. Couvrez avec un papier d'aluminium en cours de cuisson si le dessus du meatloaf commence à brûler.

• Démoulez et servez tiède. Accompagnez de sauce tomate aux herbes ou d'un fromage blanc battu additionné d'herbes fraîches.

VARIANTE > Vous pouvez remplacer les tomates séchées par des câpres.

Miche aux œufs

POUR 4 À 6 PERSONNES I **PRÉPARATION :** 10 MINUTES

FRAIS

1 petite miche de pain de campagne (250 g environ, plutôt plate)
6 œufs durs
400 g de chair de poulet déjà cuite
3 cuillerées à soupe de mayonnaise (rayon « frais »)

SURGELÉ

1/2 cuillerée à soupe d'estragon

ÉPICERIE

2 cuillerées à soupe de moutarde forte
3 petits cornichons au vinaigre
Sel, poivre

VIN

Tavel (10°)

Hachez les œufs et le poulet au couteau. Ajoutez la mayonnaise, la moutarde, les cornichons coupés en rondelles fines, l'estragon, du sel et un peu de poivre fraîchement moulu. Mélangez bien. Coupez la miche en deux dans l'épaisseur et tartinez-la de cette préparation. Reformez la miche et coupez-la en parts comme un gâteau. Présentez tel quel.

Roll guaca-bacon

POUR 4 À 6 PERSONNES I **PRÉPARATION :** 15 MINUTES I **CUISSON :** 5 MINUTES I **REPOS :** 30 MINUTES

FRAIS

2 pains lavash
8 tranches fines de bacon
250 g de guacamole
1 tomate moyenne bien ferme
100 g de salade Iceberg

ÉPICERIE

1 cuillerée à soupe d'huile de tournesol ou d'arachide
Sel, poivre

VIN

Collioure rosé (11°)

• Plongez la tomate dans de l'eau bouillante 10 secondes pour la peler plus facilement. Épépinez-la et coupez la chair en petits dés. Faites chauffer l'huile dans une poêle et faites-y dorer les tranches de bacon jusqu'à ce qu'elles soient bien croustillantes. Détachez 8 feuilles de salade et réservez-les. Émincez le reste en lanières de 1 centimètre de largeur.

• Déroulez le pain. Étalez le guacamole sur un tiers de chaque pain, dispersez les dés de tomates, répartissez les lanières de salade, versez l'huile de cuisson du bacon sur la salade, salez et poivrez légèrement, puis déposez le bacon sur le dessus. Roulez en serrant bien fort jusqu'à la partie vierge du pain. Laissez reposer les rouleaux 30 minutes avant de les découper en 4 morceaux chacun. Servez chaque morceau à l'intérieur d'une feuille de salade.

CONSEIL > Vous pouvez remplacer le bacon par des tranches fines de saumon fumé.

Crevettes club

POUR 4 PERSONNES | **PRÉPARATION :** 20 MINUTES | **CUISSON :** 1 MINUTE

FRAIS
8 grandes tranches de pain de mie aux céréales
1 pomme verte
50 g de roquette en sachet
8 cuillerées à soupe de houmous
1 cuillerée à soupe de jus de citron

SURGELÉ
200 g de crevettes déjà cuites décortiquées

ÉPICERIE
1 cuillerée à soupe de sauce Worcestershire
Sel, poivre

VIN
Muscadet de Sèvres et Maine (8°)

• Faites décongeler les crevettes 2 minutes au micro-ondes ou 4 heures au réfrigérateur puis coupez-les en deux dans l'épaisseur. Poivrez-les, arrosez-les de jus de citron et de sauce Worcestershire. Laissez mariner le temps de préparer les clubs.

• Pelez et râpez la pomme puis mélangez-la au houmous.

• Retirez la croûte du pain et poêlez les tranches d'un seul côté. Sur chaque côté non poêlé, étalez 1 cuillerée à soupe d'houmous, déposez quelques crevettes, couvrez avec un peu de salade et terminez avec une tranche de pain, côté doré vers le haut. Pressez légèrement et servez sans attendre.

Nems de saumon fumé à la roquette

POUR 4 PERSONNES I **PRÉPARATION :** 10 MINUTES

FRAIS

8 tranches fines de saumon fumé (300 g environ)
100 g de roquette
100 g de fromage frais (type ricotta ou Saint-Moret)
1 cuillerée à soupe de tapenade noire
Le zeste de 1/2 citron non traité

ÉPICERIE

Poivre

VIN

Cassis blanc (9°)

• *Lavez et essorez la roquette.*

• *Mélangez le fromage et la tapenade, poivrez et ajoutez le zeste haché de 1/2 citron bien lavé. Étalez les tranches de saumon fumé sur un plan de travail, déposez 1/8 du mélange au fromage au centre de chacune, puis quelques feuilles de roquette en les faisant dépasser de chaque côté. Roulez les tranches sur elles-mêmes pour former de gros cigares. Servez sans attendre.*

FÉTICHE > *Le saumon fumé est un indispensable, du genre qu'il faut avoir toute l'année dans son congélateur. Si vous le congelez vous-même, assurez-vous qu'il n'a pas déjà été décongelé... Privilégiez le saumon de l'Atlantique dont la chair est moins serrée et plus fondante que celle du saumon du Pacifique. Mes préférés ? L'irlandais au goût subtil de noisette et le très rare écossais.*

Bagels au saumon fumé et aux oignons rouges

POUR 4 PERSONNES | **PRÉPARATION :** 10 MINUTES

FRAIS

4 bagels (nature ou au sésame)
3 cuillerées à soupe de fromage frais (Saint-Moret, saint-florentin...)
1 cuillerée à soupe de pâte de tomates séchées
4 tranches de saumon fumé
1/2 oignon rouge
2 petites tomates
4 belles feuilles de batavia
Le jus de 1 citron

ÉPICERIE

Poivre

VIN

Graves blanc (9°)

Mélangez le fromage frais et la pâte de tomates séchées. Coupez les tomates en tranches et l'oignon en fines rondelles. Coupez les bagels en deux. Toastez-les sur le côté coupé. Tartinez les 8 moitiés de fromage aux tomates séchées, couvrez les 4 bases de tranches de tomate, puis de rondelles d'oignon. Poivrez. Ajoutez 1 tranche de saumon, 1 feuille de salade déchiquetée, arrosez d'un filet de jus de citron et couvrez avec l'autre moitié de bagel. Servez sans attendre.

CONSEIL > Pour toaster les bagels d'un seul côté, mettez-les sous le gril du four ou placez-les dos à dos dans le grille-pain s'il est suffisamment large.

Mini-cakes aux figues et au chorizo

POUR 8 PERSONNES | **PRÉPARATION :** 10 MINUTES | **CUISSON :** 20 À 25 MINUTES

FRAIS

80 g de chorizo doux
3 œufs
140 g de beurre
2 cuillerées à soupe de lait

ÉPICERIE

80 g de figues sèches
200 g de farine
2 cuillerées à café de sucre
1 sachet de levure chimique

VIN

Tursan rosé (10°)

• Préchauffez le four à 180 °C (thermostat 6). Pelez le chorizo et coupez-le en tout petits dés. Coupez les figues en dés. Mélangez la farine et la levure. Fouettez les œufs avec le lait et le sucre. Ajoutez le beurre fondu, mélangez, puis ajoutez la farine tamisée. Mélangez et ajoutez enfin les dés de chorizo et les figues.

• Versez la pâte dans des moules à muffins. Enfournez et laissez cuire 20 à 25 minutes (selon la taille du moule). Démoulez puis servez tiède ou froid.

Cake au maïs et au safran

POUR 8 PERSONNES I **PRÉPARATION :** 15 MINUTES I **CUISSON :** 35 MINUTES

FRAIS

2 gros œufs
300 g de ricotta
Le jus de 1/2 citron

ÉPICERIE

200 g de polenta précuite
150 g de maïs en boîte
6 lamelles de tomates confites à l'huile d'olive
150 g de farine
3 cuillerées à soupe d'huile de maïs
1 cuillerée à soupe de miel
2 doses de safran en poudre ou en pistils
1 sachet de levure chimique
Sel, poivre blanc

VIN

Entre-deux-mers (9°)

• Préchauffez le four à 190 °C (thermostat 6/7). Dans un saladier, fouettez les œufs, ajoutez l'huile de maïs, le miel, la ricotta et le safran. Mélangez bien. Saupoudrez de polenta sans cesser de remuer, puis incorporez la farine et la levure tamisées. Incorporez le jus de citron ainsi que les tomates égouttées et coupées en 3 ou 4 morceaux, ajoutez le maïs égoutté. Salez et poivrez selon votre goût.

• Versez la prapération dans un moule à cake beurré. Enfournez et laissez cuire 35 minutes. Démoulez et servez froid ou tiède.

CONSEIL > Les tomates confites se trouvent au rayon « frais » des grandes surfaces, chez les traiteurs italiens ou surgelées chez Picard.

Qui ne tente rien n'aura pas de dessert

C'est incontestablement dans la catégorie des desserts que ma petite cuisine est la plus débordée. Si la pâtisserie classique est considérée comme une chimie qui ne supporte aucune approximation, ma petite pâtisserie est issue d'expérimentations sans tabous : gâteaux gâtovore (j'entends par là ceux qui sont faits à partir d'autres gâteaux), bonbons fondus, glaces fouettées en crème, biscuits écrasés en guise de pâte à tarte, jus de fruits pris en gelée... Finalement, même lorsque le gâteau est raté, le saladier est toujours bon à lécher. Bref, je ne m'interdis rien et je confesse que les plantages sont légion. Rassurez-vous, je ne vous livre ici que les tentatives les plus abouties.
Comme aurait dit ma grand-mère, « qui ne tente rien n'aura pas de dessert ».

MES FÉTICHES

Pâte à gâteau en sachets

C'est peu de dire que j'affichais une certaine méfiance à l'égard de ces pâtisseries préfabriquées, qui me semblaient représenter une caution pour les cuisiniers paresseux plus qu'une alternative aux desserts maison. Après m'y être frottée, il me fallut reconnaître qu'elles ne méritaient pas mon dédain. Du coup, je les utilise comme base et je les manipule à ma façon. Un sachet de marquise au chocolat, coulé sur un fond de pâte sablée couvert de framboises fraîches, et le succès est assuré !

Lait concentré

Si je ne vous le conseille pas pour enrichir votre café du matin, le lait concentré est indispensable dans une cuisine. Simplement dilué, il fait office de lait de dépannage quand on n'est pas passé par la case « marché », mais surtout, tel quel, il apporte de l'onctuosité et une petite saveur caramélisée à vos omelettes, clafoutis, glaces, milk-shakes, sauces, potages, en ajoutant moins de matières grasses que le beurre ou la crème.

Crème de marrons

Sorte de confiture de châtaignes, c'est un diabolique concentré de calories qui peut remplacer une partie du chocolat dans les desserts. Comme je l'utilise souvent par-ci par-là pour parfumer des truffes, de la mousse au chocolat ou de la crème fraîche, je préfère l'acheter en tube pour éviter d'avoir à transvaser le contenu de la boîte. Retenez un mariage aussi convaincant qu'original : crème de marrons et eau de fleur d'oranger.

Spéculoos

Impossible de se voir servir un café en Belgique sans qu'il soit escorté d'un de ces sablés. Une alliance à retenir bien qu'elle ne soit pas la seule.
En pâtisserie, ils donnent un goût de vergeoise et d'épices aux desserts au chocolat, aux crumbles (simplement concassés et mêlés à la pâte) et autres pâtisseries cannibales. Ne les confondez pas avec les Bastogne, plus sucrés et moins épicés que la version originale, et conservez-les au sec, en prenant soin de bien fermer le sachet.

Eau de fleur d'oranger

Médicament ancestral au Moyen-Orient, l'eau distillée de boutons d'oranger est méconnue en Occident. Elle apporte pourtant un arôme délicat d'orange sans l'acidité du jus. Si je ne me retenais pas, j'en glisserais partout : salades de fruits ou de carottes, canard en cocotte, desserts au chocolat, fruits secs. C'est mon amie libanaise Youmna qui m'a fait découvrir ses vertus et m'a aidée à me familiariser à ses usages. Grâce à elle, je surprends mes amis en leur servant un « café blanc » : quelques gouttes d'eau de fleur d'oranger dans une eau très chaude, légèrement sucrée.

Glace vanille

Même quand votre congélateur est vide, il reste toujours un pot de glace vanille. Ce joker-dessert est définitivement l'un de mes fondamentaux. Utile pour improviser un milk-shake, une crème anglaise, un riz au lait minute. Pour imiter le pâtissier, étalez-la dans le fond d'une terrine, entre deux couches de petits-beurre imbibés de café, démoulez et saupoudrez de chocolat râpé. Je mixe ma glace vanille avec des pêches au sirop et des glaçons jusqu'à ce que j'obtienne mon bestseller de l'été : le milk-shake bellini.

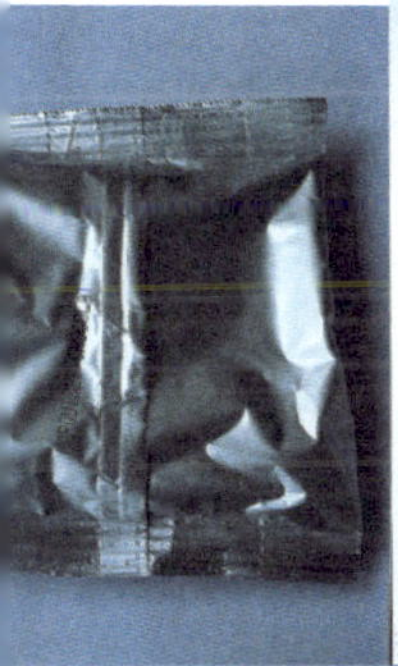

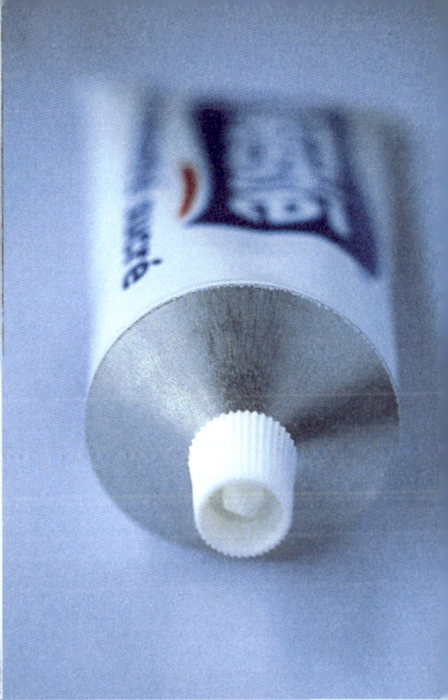

PRODUCT OF FRANCE

speculoos
Zonder scheikundige bewaarmiddelen.
Ancien système sans colorants ni arômes
artificiels et sans conservateurs chimiques.
IT'S A MUST
BELGIUM BISCUITS

Café italien

POUR 2 PERSONNES I **PRÉPARATION** : 5 MINUTES

Mille mercis à mon amie Gwénaëlle pour m'avoir rapporté cette recette de l'un de ses voyages en Toscane. Que serait ma petite cuisine sans les bonnes idées des copines ?

ÉPICERIE

2 capsules de café ou 2 tasses de café très serré
1 carré de pralinoise ou d'un autre chocolat praliné (10 g)
1 cuillerée à café de cacao en poudre non sucré

Déposez 1/2 carré de praliné dans le fond de chaque tasse. Préparez le café et versez-le dans les tasses encore brûlant, saupoudrez de cacao en poudre avant de servir. N'oubliez pas la petite cuillère !

Trifle de Brigitte

POUR 8 PERSONNES | **PRÉPARATION** : 15 MINUTES | **RÉFRIGÉRATION** : 12 À 48 HEURES

FRAIS

1 gâteau charentais (type quatre-quarts rond) ou
1 quatre-quarts rectangulaire de 200 g
Chantilly en bombe

ÉPICERIE

1/2 pot de gelée de groseilles
1/2 pot de confiture de myrtilles
10 cl de rhum ambré
1 petite boîte de fraises au sirop (2/4)
1 petite boîte de pêches au sirop
1 petite boîte de poires au sirop

• Égouttez les fraises et gardez le sirop. Égouttez les autres fruits. Coupez les pêches et les poires en dés et mélangez-les aux fraises.

• Placez le gâteau dans le fond d'un moule correspondant à son diamètre. Si vous ne trouvez pas de gâteau charentais, découpez des tranches de quatre-quarts d'à peu près 2 cm d'épaisseur et tapissez-en le fond d'un moule.

• Piquez le gâteau de coups de couteau et imbibez-le d'un mélange de rhum et du sirop des fraises, ajoutez le tiers des fruits, versez la gelée de groseille, recouvrez de fruits puis de confiture de myrtilles et terminez avec le reste des fruits. Mettez au réfrigérateur 12 à 48 heures. Au moment de servir, couvrez de chantilly. Servez à la cuillère.

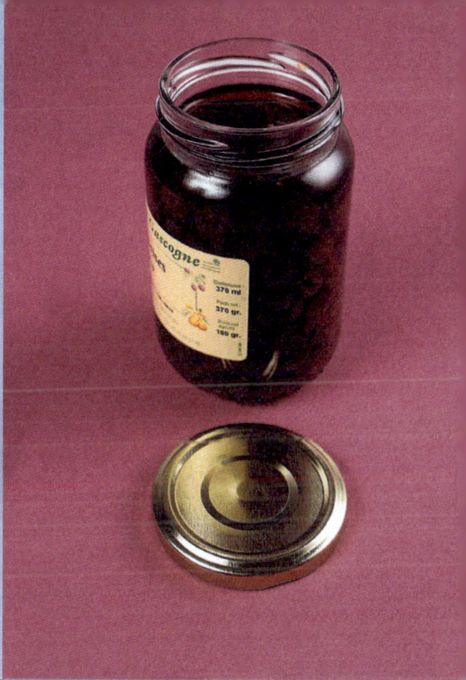
370 ml
370 gr.

Suisses cakes au miel et à la fleur d'oranger

POUR 4 PERSONNES | **PRÉPARATION** : 10 MINUTES | **CUISSON** : 5 MINUTES | **RÉFRIGÉRATION** : 3 HEURES AU MOINS

FRAIS

70 g de beurre
6 petits-suisses à 20 %

ÉPICERIE

200 g de spéculoos
1 cuillerée à soupe de sucre
3 cuillerées à soupe de miel épais
1 cuillerée à soupe d'eau de fleur d'oranger
1 orange non traitée pour décorer (facultatif)

VIN

Crémant d'Alsace (8°)

• Faites fondre le beurre avec le sucre 1 minute au micro-ondes. Mixez les biscuits finement et mélangez-les avec le beurre fondu. Étalez la préparation dans des moules individuels (style plats à crème brûlée) tapissés de film alimentaire. Laissez prendre au réfrigérateur le temps de préparer le reste.

• Égouttez à fond les petits-suisses dans leur pot. Faites chauffer le miel à feu doux jusqu'à ce qu'il soit complètement liquide. Ajoutez les petits-suisses, puis l'eau de fleur d'oranger. Fouettez énergiquement pour mélanger et éviter les grumeaux. Faites chauffer sans porter à ébullition. Retirez du feu et laissez refroidir. Versez sur les fonds de tartelettes et laissez prendre au réfrigérateur 3 heures au moins.

• Lavez l'orange puis séchez-la, zestez ou râpez un peu d'écorce et saupoudrez-en les tartelettes juste avant de servir.

VARIANTE > Vous pouvez remplacer les spéculoos par des sablés bretons.

PRATIQUE > Humidifiez les moules pour que le film adhère plus facilement.

Parfait glacé au touron

POUR 8 PERSONNES | **PRÉPARATION** : 20 MINUTES | **CUISSON** : 5 MINUTES | **CONGÉLATION** : 4 HEURES AU MOINS

FRAIS

20 cl de lait demi-écrémé
30 cl de crème liquide
6 jaunes d'œufs

ÉPICERIE

200 g de touron mou
50 g de sucre roux
50 g de spéculoos

VIN

Crémant d'Alsace (8°)

• Versez la crème dans un saladier et entreposez-la au congélateur 10 minutes.

• Faites bouillir le lait et faites-y fondre le touron en remuant sur feu doux. Retirez du feu et laissez refroidir.

• Fouettez les jaunes d'œufs avec le sucre jusqu'à ce qu'ils moussent puis incorporez-les au touron. Fouettez la crème en chantilly et mélangez-la à la préparation.

• Humidifiez un moule à cake et tapissez-le de film alimentaire. Mixez les spéculoos. Versez la moitié de la crème, couvrez de spéculoos, puis versez le reste de crème. Placez au congélateur 4 heures (pas plus si vous utilisez des verres, sinon vous risquez l'attentat pâtissier).

SUGGESTION > Servez avec un coulis de chocolat ou de framboises et saupoudrez d'amandes grillées concassées. Vous pouvez aussi présenter ce parfait dans des verres épais.

Cheese tart'tiramisu

POUR 4 PERSONNES | **PRÉPARATION** : 10 MINUTES | **RÉFRIGÉRATION** : 3 HEURES AU MOINS

FRAIS

300 g de mascarpone
50 g de beurre
2 jaunes d'œufs

ÉPICERIE

100 g de biscuits amaretti ou de macarons secs aux amandes
60 g de sucre en poudre
2 sachets de sucre vanillé
1 cuillerée à soupe d'amaretto
1 cuillerée à café d'extrait de café
30 g de chocolat noir à 70 %

VIN

Quarts-de-chaume (10°)

• Écrasez les biscuits. Faites fondre le beurre et versez-le sur les biscuits en poudre. Tassez cette pâte dans le fond d'un petit moule à tarte. Mettez au frais le temps de préparer le reste de la recette.

• Fouettez les jaunes d'œufs avec le sucre en poudre et le sucre vanillé, ajoutez le mascarpone, l'amaretto, le café et mélangez bien. Répartissez sur le fond de tarte et réfrigérez 3 heures au moins. Décorez avec des copeaux de chocolat amer.

ASTUCE > Faites des copeaux de chocolat avec un couteau économe.

CONSEIL > Remplacez l'amaretto par 1 cuillerée à café d'essence d'amande amère.

Gâteau tout rose

POUR 4 À 6 PERSONNES | **PRÉPARATION** : 20 MINUTES | **CUISSON** : 30 MINUTES

FRAIS

4 jaunes d'œufs
Beurre pour le moule

ÉPICERIE

150 g de biscuits de Reims (environ 20 biscuits)
2 cuillerées à soupe de sucre en poudre
2 sachets de sucre vanillé
100 g de poudre d'amandes
425 g de fraises au sirop
1 ou 2 cuillerées à soupe de kirsch
Sucre glace
1 pincée de sel

VIN

Champagne rosé (9°)

• Préchauffez le four à 180 °C (thermostat 6).

• Fouettez les jaunes d'œufs dans une terrine avec le sucre en poudre et le sucre vanillé. Ajoutez la poudre d'amandes, puis une pincée de sel.

• Mixez finement les biscuits de Reims cassés en morceaux et les fraises égouttées (réservez le sirop).

• Mélangez les deux préparations et versez le tout dans un moule à charlotte de 18 cm de diamètre bien beurré. Enfournez et laissez cuire 30 minutes au bain-marie. Sortez le gâteau du four et laissez-le refroidir.

• Mélangez la moitié du sirop des fraises avec le kirsch. Arrosez le gâteau de ce mélange et saupoudrez-le de sucre glace juste avant de servir.

Tarte fraîche au praliné

POUR 8 PERSONNES | **PRÉPARATION** : 15 MINUTES | **CUISSON** : 2 MINUTES | **RÉFRIGÉRATION** : 2 HEURES

FRAIS

120 g de beurre
35 cl de crème liquide

ÉPICERIE

350 g de biscuits sablés
40 g de sucre roux
Cacao amer en poudre ou brisures de cookies
300 g de pralinoise (ou autre chocolat praliné)
2 cuillerées à soupe de cacao amer en poudre
1 cuillerée à soupe de rhum (facultatif)

VIN

Crémant d'Alsace (8°)

• Pour préparer la pâte, faites fondre le beurre, ajoutez le sucre roux et remuez jusqu'à ce qu'il soit dissous. Écrasez les biscuits au mixeur ou au mortier. Placez cette poudre dans un saladier et versez le beurre au sucre dessus. Mélangez puis tapissez-en le fond d'un moule à manqué en remontant le long des parois. Entreposez au congélateur.

• Faites chauffer la crème liquide. Lorsqu'elle bout, jetez-y les morceaux de pralinoise, ajoutez le cacao amer et le rhum. Remuez et retirez du feu. Versez sur le fond de tarte. Couvrez de film alimentaire et mettez au frais 2 heures au moins. Saupoudrez de cacao en poudre ou de brisures de cookies avant de servir.

CONSEIL > Pour vous simplifier la vie, utilisez un moule à fond amovible.

Crème
liquide

Riz au lait express

POUR 6 PERSONNES | **PRÉPARATION** : 10 MINUTES | **CUISSON** : 15 MINUTES

SURGELÉ

60 cl de crème glacée vanille
250 g de riz basmati cuit (ou bien du riz cuit sous vide)

VIN

Côtes-de-bergerac moelleux (8°)

• Dans une casserole, faites fondre 50 cl de crème glacée et laissez chauffer jusqu'à ébullition. Versez le riz, mélangez et laissez cuire 10 minutes à couvert et à feu doux dès la reprise de l'ébullition en remuant de temps en temps.

• Laissez tiédir, puis ajoutez le reste de crème glacée, mélangez bien. Servez froid mais non glacé.

CONSEIL > Vous pouvez « décliner » ce riz au lait en variant les parfums de crème glacée.

Milk-shake du matin

POUR 6 PERSONNES I **PRÉPARATION** : 10 MINUTES

J'affectionne tout particulièrement le goût de noisette de l'Ovomaltine® qui me permet même de faire de ce milk-shake un petit déjeuner express idéal.

FRAIS

40 cl de lait entier

SURGELÉ

1 l de glace vanille ramollie

ÉPICERIE

5 grosses cuillerées à soupe d'Ovomaltine®

1 barre d'Ovomaltine®

Mélangez au fouet électrique le lait et l'Ovomaltine® jusqu'à ce qu'elle soit dissoute. Ajoutez la glace et continuez de fouetter jusqu'à obtenir une préparation homogène. Servez immédiatement dans des verres et saupoudrez de barre d'Ovomaltine® finement concassée. Vous pouvez aussi conserver le milk-shake au congélateur jusqu'au moment de servir.

CONSEIL > Selon les envies, remplacez l'Ovomaltine® par ce qui vous chante : 2 cuillerées à soupe de café lyophilisé pour une version « régime », autant de Nesquik® pour une recette plus régressive...

Café-sabayon à ma façon

POUR 4 PERSONNES | **PRÉPARATION** : 10 MINUTES

FRAIS

3 jaunes d'œufs

SURGELÉ

50 cl de glace café ou vanille

ÉPICERIE

20 cl de café serré
Pralin

Préparez le café. Fouettez les jaunes d'œufs dans un saladier au fouet électrique. Ajoutez le café chaud sans cesser de fouetter. Versez la glace en continuant de fouetter jusqu'à ce que le mélange forme une crème souple. Répartissez dans des coupes à Martini, saupoudrez de pralin et servez sans attendre.

Pyramides glacées aux épices

POUR 6 PERSONNES | **PRÉPARATION** : 15 MINUTES |
CUISSON : 1 HEURE 30 MINUTES | **CONGÉLATION** : 2 HEURES

FRAIS
3 cafés très serrés

SURGELÉ
1 l de glace aux spéculoos (Picard)
2 sachets de sauce chocolat ou 100 g de chocolat noir fondu dans 10 cl de crème liquide et 10 cl d'eau

ÉPICERIE
250 g de pain d'épice en tranches de 5 mm d'épaisseur environ

VIN
Champagne brut (8°)

• Préchauffez le four à 100 °C (thermostat 3/4). Sortez la glace du réfrigérateur. Préparez les cafés. Coupez 6 tranches de pain d'épice au diamètre de coupes à champagne et 6 autres à un diamètre légèrement inférieur.

• Écrasez la glace dans une assiette pour qu'elle soit souple et répartissez-en la moitié au fond des coupes. Lissez bien. Trempez les petits disques de pain d'épice dans le café et posez-les sur la glace. Couvrez avec le reste de glace. Mouillez également les grands disques et posez-les sur le dessus. Placez au congélateur 2 heures au moins.

• Mettez les chutes de pain d'épice sur la plaque du four et laissez dessécher 1 heure 30 en les remuant à mi-cuisson. Laissez refroidir puis pilez au mortier pour obtenir une poudre. Faites chauffer la sauce au chocolat.

• Sortez les verres du congélateur et démoulez les pyramides en passant un couteau fin contre les parois. Saupoudrez-les de poudre de pain d'épice et entourez d'un cordon de sauce au chocolat bien chaude.

SUGGESTION > Remplacez la sauce au chocolat par du cacao amer en poudre.

Glace huile d'olive et praliné

POUR 6 PERSONNES | **PRÉPARATION** : 10 MINUTES

Un mélange aussi heureux qu'improbable. Ne chargez pas trop en huile d'olive car le parfum se développe au contact du froid. Merci à Françoise, chef pâtissière à l'abbaye de La Celle, qui eut l'idée de cette merveilleuse alchimie.

SURGELÉ

1 l de glace vanille de bonne qualité, ramollie

ÉPICERIE

2 cuillères à soupe d'huile d'olive extra-vierge très fruitée

40 g de pralin

Mixez la glace avec l'huile et 30 g de pralin jusqu'à obtention d'une crème onctueuse. Servez immédiatement, saupoudré du reste de pralin, ou remettez la glace au congélateur 30 minutes au maximum. Saupoudrez du reste de pralin avant de servir.

CONSEIL > Ne mettez pas la glace au congélateur plus de 30 minutes au risque de casser la saveur de l'huile.

Compote de mangue et de carottes à l'eau de rose

POUR 4 PERSONNES I **PRÉPARATION** : 2 MINUTES I **CUISSON** : 55 MINUTES

FRAIS

60 g de beurre

SURGELÉ

250 g de carottes bio en rondelles (ou 300 g de carottes fraîches pelées et détaillées en rondelles)
250 g de mangue en lamelles (ou 1 grosse mangue fraîche coupée en rondelles de 5 mm d'épaisseur)

ÉPICERIE

30 cl de lait concentré non sucré
50 g de sucre
4 gousses de cardamome
1 cuillerée à soupe d'eau de rose
Pistaches et amandes grillées

Placez les carottes dans une casserole, ajoutez le beurre et 10 cl d'eau froide et laissez cuire 25 minutes à petits bouillons. Ajoutez la mangue, le lait concentré, les gousses de cardamome écrasées et le sucre. Mélangez et laissez cuire à feu doux 30 minutes environ, ou jusqu'à ce que le maximum de liquide soit évaporé. Retirez la cardamome et mixez le mélange avec l'eau de rose. Parsemez de pistaches et d'amandes grillées avant de servir.

SUGGESTION > Cette compote peut se servir sur des toasts de pain brioché.

Gratin aux amandes et aux deux figues

POUR 4 PERSONNES | **PRÉPARATION** : 10 MINUTES | **CUISSON** : 30 MINUTES

FRAIS
15 cl de crème liquide
1 œuf
Beurre pour le plat

SURGELÉ
250 g de figues (surgelées ou fraîches)

ÉPICERIE
100 g de figues sèches
100 g de poudre d'amandes
60 g de sucre roux
1 cuillerée à café de cannelle
25 g de pignons de pin
1 tasse de thé chaud
1 pincée de sel

VIN
Monbazillac (8°)

• Faites tremper les figues sèches dans le thé chaud. Laissez tiédir.

• Préchauffez le four à 210 °C (thermostat 7). Faites dorer la poudre d'amandes dans une poêle sèche.

• Beurrez un petit plat à gratin. Mélangez dans un saladier la crème, le sucre, l'œuf battu, la cannelle, la poudre d'amandes et le sel.

• Égouttez les figues sèches et coupez-les en deux. Disposez-les avec les figues surgelées ou fraîches coupées en quatre dans le fond du plat et couvrez de crème. Saupoudrez de pignons. Mettez dans le haut du four et laissez cuire 30 minutes. Servez chaud ou tiède, éventuellement accompagné d'une boule de glace à la vanille.

PRATIQUE > Il existe désormais des sachets de frangipane prête à utiliser chez Vahiné®.

Sorte de trifle aux abricots

POUR 6 PERSONNES | **PRÉPARATION** : 15 MINUTES | **RÉFRIGÉRATION** : 3 HEURES AU MINIMUM

FRAIS
6 œufs

ÉPICERIE
300 g de chocolat blanc
1 petite boîte d'oreillons d'abricots au sirop
150 g de biscuits à la cuillère
2 cuillerées à soupe de rhum
2 cuillerées à soupe de noisettes grillées concassées

VIN
Champagne demi-sec (8°)

• Égouttez les abricots et mélangez leur jus avec le rhum. Faites fondre le chocolat blanc au bain-marie. Mixez la moitié des abricots et incorporez cette purée au chocolat. Cassez les œufs en séparant les blancs des jaunes et ajoutez les jaunes dans le mélange au chocolat. Remuez bien. Montez les blancs en neige et incorporez-les au mélange au chocolat.

• Répartissez les abricots restants après les avoir grossièrement hachés dans le fond de 6 verres, versez la moitié de la mousse, trempez rapidement les biscuits dans le sirop et émiettez-les grossièrement sur la mousse. Versez le reste de la mousse et répartissez dessus le reste de biscuits émiettés. Entreposez 3 heures au moins au frais. Servez saupoudré de noisettes concassées.

VARIANTE > Vous pouvez remplacer les abricots par des pêches.

Sunday aux amandes

POUR 6 PERSONNES | **PRÉPARATION** : 10 MINUTES | **CUISSON** : 15 MINUTES

FRAIS

25 cl de crème liquide
50 g de beurre salé
1 bombe de chantilly sucrée

SURGELÉ

1 l de glace vanille

ÉPICERIE

60 g d'amandes entières
150 g de sucre
30 g de cacao amer en poudre

VIN

Clairette de Die (8°)

• Préchauffez le four à 180 °C (thermostat 6). Faites-y dorer les amandes 10 minutes. Pendant ce temps, préparez un caramel en portant à ébullition le sucre et 5 cl d'eau. Dès que le caramel est blond (mais pas brun), ajoutez la crème liquide et remuez. Incorporez le beurre en morceaux et remuez de nouveau. Saupoudrez de cacao amer et fouettez énergiquement jusqu'à ce que la préparation soit homogène.

• Formez des boules de glace et déposez-les dans des coupes évasées. Répartissez les amandes, versez le caramel au chocolat et pulvérisez un peu de chantilly sur chaque coupe.

Moelleux de courgettes aux amandes

POUR 6 PERSONNES | **PRÉPARATION** : 20 MINUTES | **CUISSON** : 50 MINUTES

FRAIS
3 œufs
50 g de beurre ramolli
100 g de crème anglaise (en brique, en sachet ou surgelée)

SURGELÉ
400 g de courgettes en rondelles (surgelées ou fraîches)

ÉPICERIE
150 g de farine
130 g de sucre roux
50 g de poudre d'amandes
1/2 cuillerée à café de cannelle en poudre
1 pincée de sel

• Pour préparer la pâte, mélangez les œufs, le sucre et le beurre ramolli. Incorporez la farine, la poudre d'amandes, le sel et la cannelle.

• Plongez les courgettes dans de l'eau bouillante. Laissez cuire 5 minutes dès la reprise de l'ébullition. Égouttez-les et pressez-les entre vos mains pour retirer le maximum d'eau. Mixez-les grossièrement et incorporez-les à la pâte.

• Beurrez et farinez un petit moule à manqué puis versez-y la pâte. Enfournez et laissez cuire 50 minutes. Servez tiède ou froid, mais pas glacé, avec de la crème anglaise.

NOTE > Si vous utilisez des courgettes fraîches, lavez-les et coupez-les en rondelles de 1 cm d'épaisseur. Procédez à la cuisson comme indiqué ci-dessus.

SUGGESTION > Vous pouvez cuire ce moelleux en version individuelle. Dans ce cas, arrêtez la cuisson au bout de 35 minutes.

Nuage de crème aux fruits secs

POUR 6 PERSONNES | **PRÉPARATION** : 20 MINUTES | **CONGÉLATION** : 15 MINUTES | **RÉFRIGÉRATION** : 3 À 12 HEURES

FRAIS

30 cl de crème liquide
4 blancs d'œufs

ÉPICERIE

80 g de cassonade
2 sachets de sucre vanillé
2 cuillerées à soupe de cognac
60 g de figues sèches
100 g de noisettes entières
100 g de boudoirs
1 pincée de sel

• Hachez les figues en petits morceaux. Mélangez le cognac avec 2 cuillerées à soupe d'eau chaude et versez-le sur les figues. Laissez reposer le temps de préparation de la recette.

• Versez la crème dans un saladier et placez-la au congélateur 10 à 15 minutes.

• Faites dorer les noisettes à la poêle en les remuant souvent. Retirez du feu et roulez-les entre vos doigts pour retirer la peau. Hachez-les finement sans les réduire en poudre. Concassez les boudoirs et mélangez-les aux noisettes.

• Fouettez la crème en chantilly. Montez les blancs en neige avec 1 pincée de sel. Saupoudrez avec les sucres et continuez de fouetter.

• Mélangez les blancs d'œufs battus, la chantilly, les figues au cognac et 2/3 du mélange aux noisettes. Versez dans des coupes. Placez au frais 3 heures au moins. Saupoudrez du reste de mélange noisettes-boudoirs avant de servir.

VARIANTE > Remplacez les biscuits par du pain de seigle émietté et desséché au four et ajoutez 30 g de sucre au mélange de noisettes.

VAHINE
Noisettes
décortiquées

MONOPRIX
Crème liquide
STÉRILISÉE U.H.T.

Tarte aux pruneaux et aux amandes

POUR 6 PERSONNES | **PRÉPARATION** : 5 MINUTES | **CUISSON** : 30 MINUTES

FRAIS

6 carrés de pâte feuilletée (Croustipâte)

ÉPICERIE

1 bocal de 450 g de crème de pruneaux Andros®
1/2 cuillerée à café d'extrait d'amandes
50 g d'amandes hachées

VIN

Cidre brut (6°)

Préchauffez le four à 160 °C (thermostat 5/6) et retirez la plaque. Coupez les carrés de pâte en deux et disposez-les sur le papier de cuisson. Mélangez la crème de pruneaux et l'extrait d'amandes. Répartissez la crème sur la pâte en laissant un peu de bord vierge. Saupoudrez d'amandes et enfournez sur la plaque. Laissez cuire 30 minutes. Servez tiède ou froid avec un peu de crème anglaise ou de glace.

Confiture de mirabelles au vinaigre balsamique

POUR 1 POT DE 40 CL | **PRÉPARATION** : 5 MINUTES | **CUISSON** : 15 MINUTES

SURGELÉ

600 g de mirabelles (surgelées ou fraîches dénoyautées)
1 cuillerée à café de gingembre haché

ÉPICERIE

200 g de sucre
15 cl de vinaigre de vin vieux
2 cuillerées à soupe de vinaigre balsamique
2 cuillerées à soupe de miel
1/2 cuillerée à café de cannelle
Clou de girofle en poudre
1 pincée de muscade moulue

VIN

Muscat d'Alsace (10°)

Dans une casserole, mettez tous les ingrédients, sauf les mirabelles. Portez à ébullition et laissez réduire de moitié jusqu'à ce que le mélange soit sirupeux. Ajoutez les mirabelles, mélangez et laissez cuire 15 minutes à feu vif. Versez la confiture encore chaude dans le pot puis fermez. Servez avec un fromage bien affiné (munster, chèvre, brebis).

NOTE > Cette confiture se conserve 1 mois au frais.

Mirabelles brûlantes à la mousse de chèvre

POUR 4 PERSONNES I **PRÉPARATION** : 15 MINUTES I **CUISSON** : 5 MINUTES

FRAIS

150 g de chèvre frais
80 g de chantilly en bombe
20 g de beurre

ÉPICERIE

1 gros pot de mirabelles au sirop
1 grosse cuillerée à soupe de miel liquide
50 g de biscuits sablés bretons
1 cuillerée à café d'extrait de vanille
Poivre du moulin

VIN

Vouvray demi-sec (9°)

• Égouttez les mirabelles et gardez le sirop. Dans une grande poêle, faites caraméliser la moitié du sirop. Lorsqu'il est bien réduit et bien doré, ajoutez le beurre et la vanille en remuant. Versez les mirabelles dans la poêle et mélangez jusqu'à ce qu'elles soient bien enrobées de caramel. Laissez compoter 2 minutes à feu doux.

• Pendant ce temps, écrasez le chèvre pour l'assouplir, puis mélangez-le avec la moitié de la chantilly. Quand la préparation est bien souple, ajoutez le miel, le poivre et le reste de chantilly puis mélangez jusqu'à obtention d'une crème mousseuse et homogène.

• Répartissez les mirabelles dans les assiettes, ajoutez la crème, saupoudrez-la de biscuits écrasés et servez sans attendre pour ménager le contraste de température.

ASTUCE > Si vous n'avez pas de balance, sachez que 80 g de chantilly sont équivalents en volume à 3 grosses oranges.

Tarte aux écorces d'oranges amères

POUR 6 PERSONNES | **PRÉPARATION** : 10 MINUTES | **CUISSON** : 25 MINUTES

FRAIS

1 rouleau de pâte sablée
50 cl de lait

ÉPICERIE

1 sachet de crème pâtissière (pour 1/2 litre de crème)
1 pot de marmelade d'oranges douces en tranches (Albert Ménès®, 370 g)
80 g de chocolat amer (70 % de cacao minimum)

VIN

Muscat de Beaumes-de-Venise (10°)

• Préchauffez le four à 180 °C (thermostat 6). Déroulez la pâte et disposez-la dans un moule à tarte beurré. Piquez-la à l'aide d'une fourchette, recouvrez-la de papier sulfurisé et versez dessus des lentilles, du riz ou des noyaux de fruits pour éviter que la pâte gonfle. Enfournez et laissez cuire 25 minutes.

• Pendant ce temps, préparez la crème pâtissière en suivant les indications fournies sur l'emballage. Faites bouillir le lait, coupez le feu puis versez le contenu du sachet en remuant vigoureusement. Versez dans un saladier et remuez de temps en temps jusqu'à ce que la préparation soit complètement refroidie.

• Concassez le chocolat en petits éclats puis incorporez-le à la crème.

• Sortez la pâte du four et retirez le papier ainsi que les lentilles, le riz ou les noyaux de fruits placés dessus. Étalez la crème pâtissière sur le fond de tarte encore chaud. Couvrez avec les rondelles d'oranges, puis enduisez la surface avec la marmelade d'oranges restée au fond du pot. Mettez au frais 2 heures au moins avant de servir.

Tarte aux framboises et au chocolat

POUR 6 PERSONNES I **PRÉPARATION** : 15 MINUTES I **CUISSON** : 20 MINUTES I **RÉFRIGÉRATION** : 2 HEURES AU MOINS

FRAIS
1 rouleau de pâte sablée
500 g de framboises
20 cl de crème liquide
10 cl de lait

SURGELÉ
50 cl de glace vanille

ÉPICERIE
1 boîte de préparation pour marquise au chocolat Alsa®
1/4 de cuillerée à café de piment d'Espelette en poudre

VIN
Banyuls (15°)

• Préchauffez le four à 180 °C (thermostat 6). Étalez la pâte dans un moule à tarte, piquez-la avec une fourchette. Couvrez de papier sulfurisé et versez dessus des lentilles ou du riz pour éviter que la pâte gonfle. Enfournez et laissez cuire 15 à 20 minutes. Sortez-la du four et laissez-la tiédir. Enlevez les lentilles ou le riz sur la pâte.

• Pendant la cuisson, portez à ébullition la crème liquide et le lait dans une casserole. Saupoudrez de préparation pour marquise et fouettez vivement jusqu'aux premiers bouillons. Réservez.

• Étalez les framboises sur le fond de tarte. Versez la préparation tiédie sur les framboises. Placez au frais pendant 2 heures.

• Pour préparer la crème anglaise, laissez décongeler 50 cl de glace vanille et fouettez-la jusqu'à la rendre homogène. Ajoutez le piment, mélangez puis placez au frais. Laissez reposer 2 heures au moins.

CONSEIL > Si vous voulez gagner un peu de temps, vous pouvez utiliser de la crème anglaise toute prête (disponible en brique dans le commerce). Si vous utilisez des framboises surgelées, laissez-les décongeler et s'égoutter dans une passoire avant de les mettre sur le fond de tarte.

Maxi-coulant au chocolat, au basilic et à la fleur d'oranger

POUR 6 PERSONNES I **PRÉPARATION** : 5 MINUTES I **CUISSON** : 14 MINUTES

FRAIS

3 gros œufs
Beurre pour le moule

SURGELÉ

1 cuillerée à soupe de basilic ciselé

ÉPICERIE

1 sachet de gâteau coulant au chocolat Alsa® pour 6 personnes
1 cuillerée à soupe d'eau de fleur d'oranger
1 cuillerée à soupe de Grand-Marnier
1 cuillerée à soupe de cacao en poudre

VIN

Sauternes (9°)

Préchauffez le four à 210 °C (thermostat 7). Mélangez la préparation Alsa® avec les œufs fouettés puis ajoutez tous les autres ingrédients. Versez la préparation dans un moule à manqué beurré de 22 cm de diamètre (si possible à fond amovible). Enfournez sur la grille et laissez cuire 14 minutes. Servez chaud ou tiède, accompagné de glace à la vanille ou de sorbet à l'orange.

Petits-beurre au chocolat

POUR 6 PERSONNES I **PRÉPARATION** : 10 MINUTES I
RÉFRIGÉRATION : 12 À 24 HEURES

FRAIS
2 tasses de café serré
125 g de beurre
15 cl de crème fraîche épaisse

ÉPICERIE
1 paquet de petits-beurre
300 g de chocolat noir
4 cuillerées à soupe de cognac
300 g de crème de marrons à la vanille

VIN
Pineau des Charentes rosé (8°)

• Faites fondre le beurre sur feu doux. Coupez le feu et ajoutez 200 g de chocolat cassé en morceaux. Mélangez. Dès que le chocolat est fondu, ajoutez la crème de marrons et la crème fraîche. Fouettez énergiquement pour obtenir un mélange homogène.

• Mélangez le café et le cognac dans une assiette creuse.

• Trempez suffisamment de petits-beurre dans ce mélange pour couvrir le fond d'un moule carré de 25 cm de côté environ. Couvrez avec le reste de chocolat cassé en petits morceaux, étalez la crème au chocolat et terminez avec les petits-beurre trempés dans le mélange café-cognac. Mettez au frais 1 nuit au moins (idéalement 24 heures). Démoulez et servez des parts carrées en suivant les contours des petits-beurre.

MANUFACTURED BY
CLEMENT FAUGIER
CRÈME
DE
VANILLÉE
PRODUCT OF FRANCE
NET WEIGHT 2 3/4 OZ 78 g
FABRICATION FRANÇAISE
NANTES

Petits pots de mousse au chocolat et au gingembre

POUR 4 PERSONNES I **PRÉPARATION** : 10 MINUTES I **RÉFRIGÉRATION** : 3 HEURES

FRAIS

125 g de beurre
10 cl de crème liquide
4 œufs

ÉPICERIE

200 g de chocolat à 65 %
50 g de gingembre confit au sirop
4 cuillerées à soupe de sirop de gingembre
1 pincée de sel

VIN

Muscat de Corse, vin de liqueur (7°)

Faites fondre le chocolat au micro-ondes ou au bain-marie. Ajoutez le beurre puis la crème liquide. Mélangez. Coupez le gingembre en petits dés et incorporez-les au chocolat. Fouettez les œufs avec une pincée de sel jusqu'à ce qu'ils moussent. Incorporez le sirop de gingembre et laissez monter encore 1 à 2 minutes. Vous devez obtenir une texture de sabayon. Incorporez au chocolat, versez dans des moules et laissez prendre 3 heures au réfrigérateur.

CONSEIL > Le gingembre au sirop est une spécialité anglaise que vous trouverez dans des épiceries fines. Vous pouvez utiliser du gingembre confit sec et remplacer le sirop par du miel.

Bombe glacée au cœur de rose

POUR 6 PERSONNES | **PRÉPARATION** : 15 MINUTES | **RÉFRIGÉRATION** : 20 MINUTES | **CONGÉLATION** : 12 HEURES

FRAIS
40 cl de crème liquide

SURGELÉ
50 cl de sorbet au chocolat (Picard)
3 sachets de coulis de framboises
200 g de framboises brisées

ÉPICERIE
2 cuillerées à soupe de sucre glace
1 cuillerée à soupe d'eau de rose

VIN
Cabernet d'Anjou (11°)

• Mélangez le coulis de framboises, l'eau de rose et la crème liquide dans un saladier. Placez au congélateur 20 minutes environ. Étalez le sorbet au chocolat ramolli sur les parois d'un saladier arrondi en vous aidant d'une cuillère à soupe. Remontez bien jusqu'aux bords du saladier, comme pour former une coque. Placez au congélateur.

• Montez la crème au coulis de framboises en chantilly en ajoutant le sucre glace à la fin. Incorporez les framboises brisées. Versez cette crème sur le sorbet au chocolat solidifié, lissez et placez au congélateur toute la nuit.

• Pour servir, plongez le moule dans un bain d'eau chaude quelques instants puis retournez-le sur une grande assiette.

liste de courses + annexes

Gressins de pita au sésame et au pavot

FRAIS
4 pitas (200 g environ)
parmesan râpé

ÉPICERIE
huile d'olive
graines de pavot
graines de sésame

Calzone à la poêle

FRAIS
1 boule de pâte à pizza
300 g de mozzarella de vache
40 g parmesan râpé
ail

SURGELÉ
basilic haché

ÉPICERIE
huile d'olive
2 grosses boîtes de tomates pelées
origan séché
1 douzaine de filets d'anchois à l'huile

Speedza mozzarella

FRAIS
100 g mozzarella de vache
2 pitas

ÉPICERIE
1 bocal de sauce pizzaiola
olives noires dénoyautées
câpres au vinaigre
huile d'olive au piment ou aux herbes de Provence

Foccacia à la pancetta et à l'origan

FRAIS
pancetta

ÉPICERIE
1 sachet de préparation pour pâte à pizza
origan séché
huile d'olive
champignons séchés et hachés

Bruschette de mozzarella marinées

FRAIS
2 boules de mozzarella de vache
pain de campagne aux olives en tranches épaisses

SURGELÉ
basilic ciselé

ÉPICERIE
pâte de tomates séchées
thym séché
câpres au vinaigre
huile d'olive

Supli à la bolognaise

FRAIS
œufs
40 g parmesan râpé

ÉPICERIE
450 g riz basmati (ou précuit en surgelé chez Picard)
1 bocal de sauce bolognaise
chapelure
huile de friture

Arancini à la mozzarella

FRAIS
50 g parmesan râpé
150 g mozzarella de vache
œufs
beurre

ÉPICERIE
1 sachet de risotto pronto au safran (Riso Gallo)
farine
chapelure
vin blanc sec

Tartelettes de fromage aux artichauts

FRAIS
150 g fromage de chèvre mi-sec (type pouligny-saint-pierre) ou ricotta de brebis
citron
beurre
ciboulette ciselée

ÉPICERIE
1 bocal de pesto
150 g artichauts confits à l'huile

Tarte à la roquette et aux pignons

FRAIS
pâte brisée
400 g de roquette en sachet
parmesan
300 g de ricotta ou autre fromage frais
œufs
basilic

ÉPICERIE
huile d'olive
ail
100 g de pignons

Salade tiède de brocolis aux céréales

FRAIS
1 citron

SURGELÉS
600 g fleurettes de brocolis
100 g d'oignons hachés

ÉPICERIE
graines de pavot
graines de sarrasin grillé et concassé (en épicerie diététique)
graines de sésame
huile de noix
moutarde douce sauce de soja

Crumble primavera

FRAIS
parmesan râpé
beurre

SURGELÉ
500 g de légumes vapeur à la provençale (Picard)
basilic haché

ÉPICERIE
farine complète
chapelure maison
huile d'olive
pignons de pin

Risotto aux petits légumes

SURGELÉ
1 bol de risotto aux champignons (Picard)
1 bol de légumes vapeur nature (Picard)
basilic haché

ÉPICERIE
poivre blanc

Risotto rouge à l'infusion de saucisson

FRAIS
1 saucisson (aux herbes, au piment ou fumé, bien gras)
parmesan râpé

SURGELÉ
oignons hachés

ÉPICERIE
riz rond
concentré de tomates
piment d'Espelette en poudre
vin rouge fruité
bouillon-cube

Risotto au potimarron et à la ricotta fumée

FRAIS
parmesan râpé
ricotta fumée ou mimolette vieille
beurre

SURGELÉ
500 g purée de potimarron (Picard)
200 g oignons hachés
persil plat haché

ÉPICERIE
riz Arborio
cubes de bouillon de poule ou de légumes
huile d'olive

Salade de fusilli

FRAIS
fromage de chèvre mi-sec
150 g de roquette

SURGELÉ
basilic haché
menthe hachée

ÉPICERIE
300 g fusilli
huile d'olive
vinaigre balsamique
pâte de tomates séchées pimentée
1 grosse boîte de tomates pelées au naturel

Salade de spaghettis complets au caviar d'aubergines

FRAIS
caviar d'aubergines (existe en bocal)

SURGELÉ
menthe hachée

ÉPICERIE
spaghettis à la farine complète ou semi-complète
olives noires conservées à l'huile
poivre blanc

Macaronis, haricots verts, pommes de terre et pesto

FRAIS
haricots verts en barquette
pommes de terre sous vide cuites à la vapeur (200 g minimum)
parmesan râpé

ÉPICERIE
250 g macaronis
1 bocal de pesto

Fusilli à la fontina et au basilic pourpre

FRAIS
crème liquide
100 g de fontina sans croûte
1 bouquet de basilic pourpre

ÉPICERIE
400 g fusilli

Penne au mesclun et au fromage croustillant

FRAIS
parmesan
250 g mesclun en sachet
pain de campagne aux olives

SURGELÉ
ail haché

ÉPICERIE
350 g petites penne
vinaigre balsamique
huile d'olive

Spaghettis à la putanesca

FRAIS
parmesan (facultatif)

SURGELÉ
ail haché
basilic haché

ÉPICERIE
300 g spaghettis
1 petit bocal d'olives noires à l'huile d'olive
câpres
1 petite boîte d'anchois à l'huile
origan séché
1 boîte de tomates pelées
chili en poudre

Lasagnes du placard aux aubergines et à la mozzarella

FRAIS
70 g parmesan râpé
mozzarella de vache
lait demi-écrémé
beurre

ÉPICERIE
1 sachet de béchamel en poudre
feuilles de lasagnes vertes Barilla précuites
1 bocal de sauce pizzaiola
1 bocal d'aubergines à l'huile (Saclà)

Gnocchis à la romaine

FRAIS
1 l de lait entier ou demi-écrémé
beurre
parmesan râpé
œufs

SURGELÉS
tomates confites (Picard)

ÉPICERIE
250 g polenta précuite
chapelure maison
noix de muscade
poivre blanc

Thon mi-cuit au pesto

FRAIS
pecorino râpé
1 citron

SURGELÉ
4 pavés de thon germon

ÉPICERIE
chapelure
pesto

Granité de gaspacho

FRAIS
1 brique de gaspacho Alvalle

Carotococa

FRAIS
beurre

SURGELÉ
600 g de carottes émincées
150 g d'oignons hachés

ÉPICERIE
Coca-Cola
laurier

Blue crumpets

FRAIS
4 crumpets
100 g de roquefort
100 g de pousses d'épinards

ÉPICERIE
mint sauce
50 g de cerneaux de noix
huile de noix
vinaigre doux (cidre, noix…)
sirop d'érable

Tatin de cerises au brebis basque

FRAIS
pâte brisée
100 g de fromage de brebis (type Ossau-Iraty) sans la croûte
beurre
mesclun

SURGELÉ
1 kg de cerises

ÉPICERIE
sucre roux raffiné
eau-de-vie
bâton de cannelle

Tarte aux figues et à l'anchoïade

FRAIS
pâte feuilletée
1 petite tomate bien ferme

SURGELÉ
400 g de figues

ÉPICERIE
250 g d'anchoïade
sucre glace

Tarte Tatin aux artichauts et au cantal

FRAIS
60 g de cantal vieux
pâte feuilletée
parmesan râpé

SURGELÉ
2 boîtes de fonds d'artichauts
ail haché
basilic ciselé

ÉPICERIE
vin blanc
coulis de tomate
huile d'olive
thym séché

Petits flans à la moutarde et au soja

FRAIS
100 g de mozzarella de vache râpée
4 œufs
50 cl de Sojasun cuisine
100 g de jambon en allumettes (en barquette)

SURGELÉ
basilic haché

ÉPICERIE
moutarde forte de Dijon
moutarde en grains

Aubergines à l'orientale

FRAIS
400 g de yaourt à la grecque ou de fromage blanc battu

SURGELÉ
2 sachets d'aubergines grillées (Picard) soit 600 g
ail haché
menthe hachée

ÉPICERIE
huile d'olive

Gâteau de penne aux aubergines

FRAIS
100 g Toastinettes au cheddar
100 g parmesan râpé
500 g de viande hachée
1 œuf

SURGELÉ
700 g d'aubergines grillées (Picard)
ail haché

ÉPICERIE
500 g de penne
2 boîtes de tomates pelées
concentré de tomates
200 g d'olives vertes dénoyautées
1 bouillon-cube de bœuf
fleur de thym
huile d'olive

Carpaccio de haddock

FRAIS
300 g de filets de haddock (existe aussi surgelé)
1 citron

SURGELÉ
menthe hachée

ÉPICERIE
crème liquide
jus d'orange

Galette croustillante de riz et petits pois au safran

FRAIS
beurre
250 g de yaourt à la grecque

SURGELÉ
400 g de riz basmati précuit (Picard)
250 g de petits pois extrafins (les plus petits)

ÉPICERIE
safran
graines de pavot
menthe séchée

Riz basmati au thé vert

ÉPICERIE
300 g de riz basmati
2 sachets de thé vert
huile ordinaire

Blancs de poulet au citron et aux amandes

FRAIS
4 blancs de poulet
1 citron

SURGELÉ
200 g d'oignons hachés en cubes
ail haché

ÉPICERIE
100 g d'amandes entières pelées
huile d'arachide
sauce de soja

Tajine de poulet au confit de tomate

FRAIS
6 cuisses de poulet

SURGELÉ
400 g d'oignons émincés
ail haché

ÉPICERIE
huile d'olive
1 kg de tomates pelées
2 doses de safran
miel
cannelle
cumin
graines de sésame

Fricassée de calmars à l'anchoïade

SURGELÉ
300 g de têtes et de pattes de calmars
250 g de légumes vapeur à la provençale (Picard)
ail haché
estragon haché

ÉPICERIE
anchoïade
vin blanc sec
huile d'olive
olives noires

Filets de daurade soufflés

FRAIS
2 œufs
beurre
lait

SURGELÉ
6 filets de daurade

ÉPICERIE
2 sachets de 100 g de flocons de pomme de terre
curcuma
huile d'olive
tapenade

Rougets en escabèche d'agrume

SURGELÉ
250 g de filets de rouget
oignons hachés
ail haché

ÉPICERIE
Tranches de Ciabatta grillées
farine
jus d'orange (surgelé ou en brique)
vin blanc sec
huile d'olive
noix de muscade
cumin
paprika
fleur de sel

Thon confit aux poivrons

SURGELÉ
4 pavés de thon
une vingtaine d'oignons grelots

ÉPICERIE
400 g de poivrons en conserve
huile d'olive
gros sel
poivre concassé
thym séché
noix de muscade
clous de girofle
piment ou Tabasco

Lassi zen

FRAIS
6 bouteilles d'Actimel 0 %
1 citron vert

ÉPICERIE
eau de fleur d'oranger
eau minérale

Galettes de quinoa aux champignons

FRAIS
40 g de fromage râpé fondant (cheddar, emmental, chaumes, tomme)

SURGELÉ
ciboulette ciselée

ÉPICERIE
100 g de quinoa
Sojasun cuisine
champignons shiitakes séchés (ou champignons sauvages séchés)
huile d'arachide

Galettes de blé au curry

FRAIS
200 g d'Ebly déjà cuit (ferme)
œufs
50 g de fromage râpé

ÉPICERIE
sauce Patak's Korma
câpres au vinaigre
huile d'arachide

Dip de haddock aux herbes

FRAIS
150 g de fromage frais (type Saint-Moret, brousse ou saint-florentin)
1 citron

SURGELÉ
150 g de filets de haddock (ou frais)
ail haché
ciboulette ciselée
persil haché

Soupe de carottes au haddock et au gingembre

SURGELÉ
500 g de carottes en rondelles
oignons hachés
gingembre haché
coriandre hachée
150 g de haddock (ou frais)

ÉPICERIE
huile d'olive
jus d'orange

Salade de poulet aux herbes et à la citronelle

FRAIS
600 g de blancs de poulet
2 citrons verts
oignons nouveaux
2 tiges de citronnelle

SURGELÉ
100 g d'échalotes hachées
menthe hachée
coriandre hachée

ÉPICERIE
riz thaï
piment séché et broyé
sauce nuoc-mâm
cacahuètes concassées

Salade biryani de fruits et légumes

FRAIS
1 sachet de 300 g de légumes vapeur assaisonnés Knorr

SURGELÉ
150 g riz basmati déjà cuit
100 g salade de fruits exotiques
aneth ciselée

ÉPICERIE
sauce Patak's Korma
pistaches mondées non salées

Salade de vermicelles aux crevettes

SURGELÉ
200 g de crevettes crues décortiquées
150 g de légumes nature en bol vapeur (Picard)
échalotes hachées
gingembre haché
ail haché
coriandre hachée
menthe hachée

ÉPICERIE
100 g de vermicelles de riz ou de soja
cacahuètes grillées concassées
sauce nuoc-mâm
Jus de citron vert
huile de sésame
sauce au piment ou piment en poudre

Poulet aux noix caramélisées

SURGELÉ
500 g de blancs de poulet
ail haché
gingembre haché

ÉPICERIE
100 g de noix
Maïzena
huile d'arachide
xérès ou sherry
sauce de soja
sucre roux

Brochettes de canard laqué à l'ananas

FRAIS
3 magrets de canard
beurre

SURGELÉ
1 sachet de cubes d'ananas

ÉPICERIE
miel
sauce de soja
thym
poivre mignonnette

Nouilles chinoises au canard et à la confiture d'oignons

SURGELÉ
ail haché

ÉPICERIE
250 g de nouilles chinoises sèches plates
2 cuisses de canard confites en conserve
confiture d'oignons
sauce de soja
vinaigre de riz ou vinaigre de sherry
graines de sésame
sauce chili

Crevettes au fromage comme en Malaisie

FRAIS
15 cl de crème liquide à 15 %
Toastinettes au cheddar
beurre

SURGELÉ
12 grosses crevettes crues décortiquées
oignons hachés
ail haché

ÉPICERIE
huile de sésame
sauce d'huîtres
sauce de soja
Maïzena
huile de friture
poivre blanc moulu
sucre

Saumon sauté à l'ananas

SURGELÉ
4 pavés de saumon sans peau
400 g d'ananas en dés
gingembre haché
menthe hachée

ÉPICERIE
sauce de soja
graines de sésame noires
huile d'arachide

Rillettes de canard aux cèpes

FRAIS
4 magrets de canard
200 g de lardons fumés

ÉPICERIE
80 g de cèpes séchés
romarin séché
thym
laurier

Flans d'asperges au parmesan

FRAIS
20 cl de crème légère
40 g de parmesan râpé
3 œufs
beurre

SURGELÉ
ciboulette ciselée

ÉPICERIE
400 g d'asperges blanches en bocal (poids égoutté)

Tarte feuilletée aux girolles, aux asperges et à la fourme d'Ambert

FRAIS
pâte feuilletée
100 g de fourme d'Ambert
1 œuf

SURGELÉ
échalottes hachées

ÉPICERIE
300 g de girolles en bocal
300 g d'asperges en bocal
huile d'olive

Quiche soufflée aux petits pois et à la ricotta

FRAIS
pâte feuilletée
150 g de ricotta
50 g de parmesan râpé

SURGELÉ
150 g de petits pois

ÉPICERIE
1 sachet de préparation pour soufflé
menthe séchée

Petites charlottes de chèvre frais aux asperges

FRAIS
200 g de chèvre frais
crème liquide

SURGELÉ
ciboulette ciselée
coriandre hachée

ÉPICERIE
2 bocaux d'asperges au naturel
huile de noix
huile d'olive

Vichyssoise de chou-fleur au miel

SURGELÉ
300 g de choux-fleurs
200 g de poireaux en rondelles

ÉPICERIE
1 cube de bouillon de volaille
lait entier
miel
graines de sésame noir (ou, à défaut, sésame blanc grillé)

Soupe de ravioles aux poireaux caramélisés

FRAIS
1 barquette de ravioles du Dauphiné (240 g)
beurre

SURGELÉ
850 g de poireaux

ÉPICERIE
1 brique de soupe aux poireaux(ou surgelé)
curcuma
cannelle
sucre en morceaux

Lentilles crémeuses aux épices

FRAIS
10 cl de crème fraîche épaisse

SURGELÉ
oignons hachés
ail haché

ÉPICERIE
250 g de lentilles vertes du Puy
1 bâton de cannelle
cumin en grains
anis en grains
1 bouquet garni
huile d'olive

Salade de roquette aux pêches et au parmesan

FRAIS
150 g de roquette
100 g de parmesan (non râpé)

SURGELÉ
estragon haché

ÉPICERIE
1 petite boîte de pêches au sirop
vinaigre balsamique
jus de citron
huile d'olive
huile de noisette
50 g pignons de pin

Salade chaude de pois chiches au boudin noir

FRAIS
200 g de boudin noir
parmesan râpé

SURGELÉ
100 g d'oignons émincés
persil haché

ÉPICERIE
400 g de pois chiche en bocal
graines de sésame
huile d'olive à l'ail (Lesieur)
pignons
raisins secs blonds
piment d'Espelette en poudre

Salade de châtaignes croquantes aux petits lardons

FRAIS
100 g de lardons fumés

SURGELÉ
500 g de châtaignes
échalotes hachées
ciboulette ciselée

ÉPICERIE
vin blanc
huile de noix
vinaigre de vin

Tagliatelles al ragù

FRAIS
400 g de tagliatelles fraîches
parmesan râpé (facultatif)

ÉPICERIE
2 portions de bœuf bourguignon en barquette (Charal)
tomates séchées à l'huile d'olive
huile d'olive à l'ail (Lesieur)
origan séché

Boulettes bourguignonnes en cœur de laitue

FRAIS
1 sachet de cœurs de laitue

SURGELÉ
estragon haché

ÉPICERIE
2 boîtes (400 g chacune) de bœuf bourguignon
farine
huile
huile d'olive
vinaigre de xérès

Bœuf-cocotte

FRAIS
6 pavés de rumsteck

SURGELÉ
ail haché
700 g d'oignons émincés

ÉPICERIE
anchois à l'huile
câpres
poivre mignonette
thym séché
clous de girofle
huile d'olive
vinaigre de vin rouge
fleur de sel
feuilles de laurier

Carrés d'agneau en croûte de sel au thym

FRAIS
3 œufs

SURGELÉ
4 petits carrés d'agneau (350 g)

ÉPICERIE
1 kg de gros sel
1 kg de farine
thym séché
huile d'olive

Poulet Strogonoff

FRAIS
4 escalopes de poulet
beurre
crème fraîche épaisse

SURGELÉ
200 g d'oignons hachés

ÉPICERIE
1 boîte de champignons de Paris émincés
concentré de tomates
moutarde
vin blanc sec
paprika
huile ordinaire

Lapin aux mirabelles et à la fleur de thym

FRAIS
1 lapin coupé en morceaux

SURGELÉ
400 g de julienne de légumes
500 g d'échalotes hachées
ail haché
600 g de mirabelles
thym

ÉPICERIE
vin blanc doux
1 cube de bouillon de volaille
huile d'olive

Maquereaux croustillants à la moutarde

FRAIS
beurre

SURGELÉ
2 filets de maquereau
400 g d'oignons émincés

ÉPICERIE
moutarde aux herbes
vinaigre doux (de cidre ou balsamique)
sucre en poudre
graine de couscous fine

Mes noix salées et caramélisées

ÉPICERIE
250 g de noix les plus fraîches possible
(à acheter en sachet dans les magasins de gros ou les épiceries orientales)
miel liquide
graines de sésame
huile de maïs ou d'arachide
chili en poudre
cannelle en poudre
fleur de sel

Pop-corn aux noix de pécan

FRAIS
beurre

ÉPICERIE
80 g de grains de maïs pour pop-corn
100 g de noix de pécan grillées
sirop d'érable
huile d'arachide ou de maïs
piment d'Espelette en poudre

Briouats au fromage frais

FRAIS
feuilles de brick
75 g de Saint-Moret ou autre fromage frais (saint-florentin, ricotta)

ÉPICERIE
pistaches
sucre
poivre vert
huile d'olive

Avocats mimosa

FRAIS
2 avocats mûrs à point
2 œufs
Boursin Cuisine aux herbes
persil
citron

ÉPICERIE
vinaigre de vin blanc
poivre blanc

Soupe fraîche d'olives aux herbes

FRAIS
concombre
lait entier
75 g de brousse de brebis bien fraîche ou de ricotta
anchois à l'huile

SURGELÉ
ciboulette ciselée
basilic haché
estragon haché

ÉPICERIE
75 g d'olives vertes dénoyautées
poivre du moulin

Guacamole d'artichauts à l'orange

SURGELÉ
coriandre hachée

ÉPICERIE
300 g de fonds d'artichauts en boîte ou en bocal
assaisonement pour guacamole
huile d'olive
jus d'orange

Tartare de betterave au chèvre

FRAIS
une belle betterave cuite
75 g de chèvre mi-sec

SURGELÉ
basilic haché

ÉPICERIE
câpres fines au vinaigre
huile d'olive
vinaigre balsamique
moutarde

Tartare poivré bœuf-brebis

FRAIS
400 g de bœuf haché pour tartare
40 g de pecorino au poivre
2 œufs

SURGELÉ
basilic haché
échalote hachée

ÉPICERIE
huile d'olive
vinaigre de vin rouge
moutarde à l'ancienne
ketchup
câpres au vinaigre
poivre du moulin

Salade de petits légumes au saumon mariné

FRAIS
1 citron

SURGELÉ
125 g de petits légumes vapeur (chou-fleur/brocoli, Picard)
1 pavé de saumon

ÉPICERIE
sucre en poudre
graines de sésame

Ceviche de Saint-Jacques passionnées

FRAIS
1 citron vert
1 fruit de la passion
lait

SURGELÉ
250 g de grosses noix de Saint-Jacques françaises sans corail

ÉPICERIE
menthe séchée
poivre blanc

Carpaccio de crevettes à l'huile de thym

FRAIS
tapenade
1 citron

SURGELÉ
125 g de queues de crevettes crues décortiquées
100 g de poivrons en dés

ÉPICERIE
huile d'olive pimentée
thym
piment d'Espelette en poudre

Loup doré à ma sauce vierge

FRAIS
2 filets de loup de 180 g chacun
40 g de crevettes roses cuites décortiquées

SURGELÉ
25 g airelles
aneth

ÉPICERIE
câpres au vinaigre
huile d'olive au citron

Poisson sauté aux légumes croquants et aux cacahuètes

FRAIS
1 citron vert

SURGELÉ
400 g de morceaux de poissons nordiques (Picard)
300 g de légumes pour cuisine wok asiatique (Picard)

ÉPICERIE
sauce nuoc-mâm
sauce de soja
cacahuètes concassées
huile d'arachide
huile de sésame (option)
piment en poudre

Riz grillé au confit de canard

FRAIS
persil plat

ÉPICERIE
125 g riz basmati
1 cuisse de canard confite
cube de bouillon de volaille

Pastilla de canard aux olives

FRAIS
1 magret de canard
feuilles de brick
2 œufs

SURGELÉ
200 g d'oignons hachés

ÉPICERIE
amandes
olives roses ou vertes dénoyautées
quatre-épices
safran
sucre en poudre
sucre glace
cannelle

Tagliatelles aux petits pois et au saumon

FRAIS
200 g de tagliatelles fraîches
crème liquide
saumon fumé ou œufs de saumon

SURGELÉ
200 g de saumon cru
100 g de petits pois
aneth

ÉPICERIE
raifort râpé

Pâtes blanches

FRAIS
150 g de tagliatelles fraîches
75 cl de lait entier
2 œufs

SURGELÉ
150 g de grosses Saint-Jacques sans corail

ÉPICERIE
poivre blanc

Mousse d'anguille fumée

FRAIS
100 g d'anguille fumée
15 cl de crème fraîche épaisse
100 g de mayonnaise en bocal
20 cl de crème fleurette
échalotes
1 citron vert

ÉPICERIE
câpres au vinaigre
1 sachet de gelée au madère
vin blanc
vinaigre
poivre blanc

Cabillaud mariné à l'aquavit

FRAIS
citron

SURGELÉ
2 dos de cabillaud (350 à 400 g)
70 g d'airelles (ou en bocal)
menthe hachée

ÉPICERIE
aquavit ou vodka
huile de maïs
sucre en poudre

Tartare superluxe

SURGELÉ
200 g de noix de Saint-Jacques sans corail
ciboulette ciselée
200 g de saumon cru

ÉPICERIE
100 g de foie gras cuit (en conserve ou sous vide)
huile d'olive
lait

Foie gras glacé aux griottes et au cacao

FRAIS
250 g de très bon foie gras cru (rayon frais ou Picard)

ÉPICERIE
vinaigre de vin vieux
vinaigre balsamique
huile d'olive
cacao en poudre sans sucre
kirsch
cerises confites au kirsch
poivre du moulin

Papillotes de Saint-Jacques au foie gras

SURGELÉ
12 noix de Saint-Jacques
4 escalopes de foie gras
200 g d'aubergines grillées (Picard)

ÉPICERIE
40 g de noix concassées
lait
poivre du moulin

Velouté de crustacés aux noix de Saint-Jacques

FRAIS
beurre

SURGELÉ
1 sachet de sauce de crustacés (ou une boîte de bisque)
250 g de noix de Saint-Jacques
échalotes hachées
basilic haché

ÉPICERIE
500 g de tomates pelées

Tourte aux deux pommes et au foie gras

FRAIS
1 pomme golden
2 rouleaux de pâte feuilletée

SURGELÉ
700 g de pommes de terre en rondelles préfrites

ÉPICERIE
250 g de foie gras mi-cuit
huile ordinaire
quatre-épices
fleur de sel
poivre du moulin

Pissaladière de langoustines

FRAIS
2 rouleaux de pâte feuilletée
100 g de lardons fumés
1 citron

SURGELÉ
24 langoustines crues
800 g d'oignons émincés

ÉPICERIE
huile d'olive
thym séché

Saumon fumé par mes soins

FRAIS
4 pavés de saumon avec peau
1 concombre
1 pomme verte
1 citron
yaourt brassé

SURGELÉ
menthe hachée

ÉPICERIE
moutarde forte
miel
riz basmati
thé noir nature ou aromatisé

Sashimi de saumon gravlax

FRAIS
800 g de pavés de saumon avec peau
mayonnaise en bocal

SURGELÉ
2 boîtes d'aneth haché

ÉPICERIE
gros sel
sucre en poudre
noix de muscade râpée
poivre noir en grains
1 pot de 100 g de moutarde au vinaigre balsamique
vinaigre de vin blanc
poivre blanc

Langoustines sautées aux fèves et aux lardons

FRAIS
100 g de lardons fumés

SURGELÉ
1 kg de langoustines crues
450 g de fèves pelées (Picard)
ciboulette ciselée

ÉPICERIE
graisse d'oie
piment d'Espelette en poudre

Parmentier de confit de canard aux cèpes

FRAIS
60 g de fromage râpé type emmental

SURGELÉ
persil ciselé

ÉPICERIE
4 cuisses de canard confites
400 g de cèpes cuisinés à l'huile
1 sachet de purée au fromage
noix de muscade
purée d'ail
chapelure

Mac' and cheese

FRAIS
150 g de lardons fumés
en allumettes
lait entier
10 cl de crème fraîche
100 g de Babybel jaune ou
de cheddar orange
50 g de parmesan râpé
1 œuf

SURGELÉ
ail haché
basilic haché

ÉPICERIE
300 g de macaronis
noix de muscade

Welsh rarebit à la sauge

FRAIS
pain de campagne
200 g de Babybel jaune
ou de Toastinettes au cheddar

ÉPICERIE
1 canette de bière blonde
Maïzena
moutarde douce (au miel
ou aux fruits)
sauge séchée

Petits pains à la fondue de Boursin

FRAIS
4 petits pains de campagne
individuels
120 g de beaufort râpé,
d'emmental ou de comté
Boursin Cuisine ail et fines herbes

ÉPICERIE
vin blanc sec
poivre du moulin

Coleslaw burger

FRAIS
2 bagels
2 steaks hachés de bœuf
à l'oignon
100 g de coleslaw
1 tomate fraîche

SURGELÉ
basilic haché

ÉPICERIE
tomates séchées
peanut butter
moutarde douce

Tarte à la ratatouille comme une chatchouka

FRAIS
1 rouleau de pâte brisée
7 œufs
crème fraîche épaisse

ÉPICERIE
500 g de ratatouille
en bocal
Tabasco

Mon petit canard laqué

FRAIS
250 g de canard laqué émincé
(acheté chez un traiteur chinois)
2 tortillas (ou 4 crêpes mandarin
achetées chez un traiteur chinois)
1 oignon frais avec une tige
verte

ÉPICERIE
sauce hoisin

Parmentier de veau bolognaise

FRAIS
60 g de parmesan râpé
lait

SURGELÉ
400 g de veau haché (Picard)
échalotes hachées
basilic haché

ÉPICERIE
1 grand sachet de purée en
flocons (800 g)
huile d'olive
200 g de sauce tomate
pâte de tomates séchées

Gratin de coquillettes au jambon

FRAIS
200 g d'allumettes de jambon
beurre
150 g de Babybel jaune râpé,
de gruyère ou de cheddar

SURGELÉ
300 g d'oignons émincés

ÉPICERIE
350 g de coquillettes
1 grosse boîte de tomates pelées
sauce tomate

Entrecôtes des chicanos

FRAIS
2 entrecôtes de 180 g environ
chacune (fraîches ou surgelées)

ÉPICERIE
mélange d'épices pour tacos
(en sachet)
huile d'olive
coulis de tomate
ketchup
cognac

Balila : salade de pois chiches au cumin et au citron

FRAIS

1 citron
persil ciselé

ÉPICERIE

300 g de pois chiches en bocal
cumin en poudre
cannelle
huile d'olive à l'ail Lesieur
poivre blanc

Taboulé de semoule complète et lentilles au citron

FRAIS

4 citrons non traités
1 bouquet de menthe

ÉPICERIE

500 g de semoule de couscous complète (dans les épiceries diététiques)
100 g de lentilles du Puy
huile d'olive

Meatloaf aux tomates séchées

FRAIS

700 g de bœuf haché
pain de mie nature ou aux céréales

SURGELÉ

ail haché

ÉPICERIE

150 g de sauce tomate en bocal aux herbes de Provence
tomates séchées
huile d'olive
poivre mignonnette

Miche aux œufs

FRAIS

1 petite miche de pain de campagne (250 g environ, plutôt plate)
6 œufs
400 g de chair de poulet déjà cuite
mayonnaise

SURGELÉ

estragon

ÉPICERIE

moutarde forte
cornichons au vinaigre

Roll guaca-bacon

FRAIS

2 pains lavash
8 tranches fines de bacon
250 g de guacamole
1 tomate moyenne bien ferme
100 g de salade Iceberg

ÉPICERIE

huile de tournesol ou d'arachide

Crevettes club

FRAIS

pain de mie aux céréales
1 pomme verte
50 g de roquette
houmous
1 citron

SURGELÉ

200 g de crevettes déjà cuites décortiquées

ÉPICERIE

sauce Worcestershire

Nems de saumon fumé à la roquette

FRAIS

8 tranches fines de saumon fumé (300 g environ)
100 g roquette
100 g de fromage frais (type ricotta ou saint-moret)
tapenade noire
1 citron non traité

Bagels au saumon fumé et aux oignons rouges

FRAIS

4 bagels (nature ou au sésame)
fromage frais (Saint-Moret, saint-florentin...)
pâte de tomates séchées
4 tranches de saumon fumé
1 oignon rouge
2 petites tomates
1 batavia
1 citron

Mini-cakes aux figues et au chorizo

FRAIS

80 g de chorizo doux
3 œufs
140 g de beurre
lait

ÉPICERIE

80 g de figues sèches
farine
sucre
1 sachet de levure chimique

*ake au maïs
t au safran*

RAIS
gros œufs
00 g de ricotta
citron

PICERIE
00 g de polenta précuite
50 g de maïs en boîte
omates confites à l'huile d'olive
arine
uile de maïs
niel
afran
sachet de levure chimique

Café italien

ÉPICERIE
pralinoise ou chocolat praliné
cacao en poudre non sucré
café

Triffle de Brigitte

FRAIS
1 gâteau charentais
(type quatre-quarts rond) ou
1 quatre-quarts rectangulaire
de 200 g
chantilly en bombe

ÉPICERIE
gelée de groseilles
confiture de myrtilles
rhum ambré
1 petite boîte de fraises au sirop
1 petite boîte de pêches au sirop
1 petite boîte de poires au sirop

Suisses cakes au miel et à la fleur d'oranger

FRAIS
beurre
6 petits-suisses à 20 %

ÉPICERIE
200 g de spéculoos
sucre
miel épais
eau de fleur d'oranger
1 orange non traitée
pour décorer (facultatif)

Parfait glacé au touron

FRAIS
lait demi-écrémé
30 cl de crème liquide
6 œufs

ÉPICERIE
200 g de touron mou
50 g de sucre roux
50 g de spéculoos

Cheese tart'tiramisu

FRAIS
300 g de mascarpone
beurre
2 œufs

ÉPICERIE
100 g de biscuits amaretti ou
de macarons secs aux amandes
sucre en poudre
2 sachets de sucre vanillé
amaretto
extrait de café
chocolat noir à 70 %

Gâteau tout rose

FRAIS
4 œufs
beurre

ÉPICERIE
150 g de biscuits de Reims
(environ 20 biscuits)
sucre en poudre
2 sachets de sucre vanillé
100 g de poudre d'amandes
2 boîtes (425 g) de fraises
au sirop
kirsch
sucre glace

Tarte fraîche au praliné

FRAIS
120 g de beurre
35 cl de crème liquide

ÉPICERIE
350 g de biscuits sablés
sucre roux
cacao amer en poudre ou
brisures de cookies
300 g de pralinoise (ou autre
chocolat praliné)
cacao amer en poudre
rhum (facultatif)

Riz au lait express

SURGELÉ
60 cl de crème glacée vanille
250 g de riz basmati cuit

Milk-shake du matin

FRAIS
lait entier

SURGELÉ
1 l de glace vanille

ÉPICERIE
ovomaltine
1 barre d'ovomaltine

Café-sabayon à ma façon

FRAIS
3 œufs

SURGELÉ
glace café ou vanille

ÉPICERIE
café
pralin

Pyramides glacées aux épices

SURGELÉ
1 l de glace aux spéculoos (Picard)
2 sachets de sauce chocolat ou
100 g de chocolat noir
10 cl de crème liquide

ÉPICERIE
250 g de pain d'épice en tranches
café

Glace huile d'olive et praliné

SURGELÉ
1 l de glace vanille
de bonne qualité

ÉPICERIE
huile d'olive extra-vierge
très fruitée
pralin

Compote de mangue et de carottes à l'eau de rose

FRAIS
beurre

SURGELÉ
250 g de carottes bio en
rondelles
250 g de mangue en lamelles

ÉPICERIE
lait concentré non sucré
sucre
4 gousses de cardamome
eau de rose
pistaches et amandes grillées

Gratin aux amandes et aux deux figues

FRAIS
crème liquide
1 œuf
beurre

SURGELÉ
250 g de figues

ÉPICERIE
100 g de figues sèches
100 g de poudre d'amandes
sucre roux
cannelle
pignons de pin
thé

Sorte de trifle aux abricots

FRAIS
6 œufs

ÉPICERIE
300 g de chocolat blanc
1 petite boîte d'oreillons
d'abricots au sirop
150 g de biscuits à la cuillère
rhum
noisettes grillées concassées

Sunday aux amandes

FRAIS
25 cl de crème liquide
beurre salé
1 bombe de chantilly

SURGELÉ
1 l de glace vanille

ÉPICERIE
60 g d'amandes entières
sucre
cacao amer en poudre

Moelleux de courgettes aux amandes

FRAIS
3 œufs
beurre
100 g de crème anglaise (en
brique, en sachet ou surgelé)

SURGELÉ
400 g de courgettes en rondelles
(surgelées ou fraîches)

ÉPICERIE
farine
sucre roux
50 g de poudre d'amandes
cannelle en poudre

Nuage de crème aux fruits secs

FRAIS
30 cl de crème liquide
4 œufs

ÉPICERIE
80 g de cassonade
2 sachets de sucre vanillé
cognac
60 g de figues sèches
100 g de noisettes entières
100 g de boudoirs

Tarte aux pruneaux et aux amandes

FRAIS

6 carrés de pâte feuilletée (Croustipâte)

ÉPICERIE

1 bocal de 450 g de crème de pruneaux Andros
extrait d'amandes
50 g d'amandes hachées

Confiture de mirabelles au vinaigre balsamique

SURGELÉ

600 g de mirabelles (surgelées ou fraîches dénoyautées)
gingembre haché

ÉPICERIE

sucre
vinaigre de vin vieux
vinaigre balsamique
miel
cannelle
clou de girofle en poudre
muscade moulue

Mirabelles brûlantes à la mousse de chèvre

FRAIS

150 g de chèvre frais
80 g chantilly en bombe
beurre

ÉPICERIE

1 gros pot de mirabelles au sirop
miel liquide
50 g de biscuits sablés bretons
extrait de vanille
poivre du moulin

Tarte aux écorces d'oranges amères

FRAIS

1 rouleau de pâte sablée
lait

ÉPICERIE

1 sachet de crème pâtissière
1 pot de marmelade d'oranges douces en tranches (Albert Ménès)
80 g de chocolat amer (70 % de cacao minimum)

Tarte aux framboises et au chocolat

FRAIS

1 rouleau de pâte sablée
500 g de framboises
20 cl de crème liquide
lait

SURGELÉ

50 cl de glace vanille

ÉPICERIE

1 boîte de préparation pour marquise au chocolat Alsa
piment d'Espelette en poudre

Maxi-coulant au chocolat, au basilic et à la fleur d'oranger

FRAIS

3 gros œufs
beurre

SURGELÉ

basilic ciselé

ÉPICERIE

1 sachet de gâteau coulant au chocolat Alsa pou 6 personnes
eau de fleur d'oranger
Grand-Marnier
cacao en poudre

Petits-beurre au chocolat

FRAIS

125 g de beurre
15 cl de crème fraîche épaisse

ÉPICERIE

café
1 paquet de petits-beurre
300 g de chocolat noir
cognac
300 g de crème de marrons à la vanille

Petits pots de mousse au chocolat et au gingembre

FRAIS

125 g de beurre
10 cl de crème liquide
4 œufs

ÉPICERIE

200 g de chocolat à 65 %
50 g de gingembre confit au sirop
sirop de gingembre

Bombe glacée au cœur de rose

FRAIS

40 cl de crème liquide

SURGELÉ

50 cl de sorbet au chocolat (Picard)
3 sachets de coulis de framboises
200 g de framboises brisées

ÉPICERIE

sucre glace
eau de rose

Table des matières

Table des recettes

Table des recettes par ingrédients

Index des recettes

SHOPPING

Jeanine Cros : tissus des pages 107, 131, 143, 149, 165, 253.

Robert Le Héros : nappes des pages 15, 17, 35, 39.

Muji : vaisselle des pages 11, 15, 17, 37, 39, 45, 67, 77, 105, 107, 119, 155, 193, 243, 249, 273, 299, 307, 315, 325 ;
couverts des pages 305, 331.

Kimonya : vaisselle des pages 131, 143, 149, 157.

Sabre : vaisselle des pages 11, 35, 113, 117, 123, 147, 205, 237 ;
verres de la page 313 ;
couvert de la page 323.

Habitat : vaisselle des pages 117, 177, 305, 331, 337.

La Samaritaine : pages 133, 239.

Résonances : plat de la page 161 ;
couvert de la page 323.

STYLISME

Marion Chatelain

Imprimé en Espagne par Cayfosa
Dépôt légal : août 2011
ISBN : 978-2-501-07342-4
4069589 / 01